ELSA THIRIOT

Une année pour apprendre en s'amusant

52 semaines de pédagogie active en famille

MANGO

Introduction

Cet ouvrage recense plus de 150 projets simples et amusants, qui ont pour vocation de nourrir la curiosité et l'imagination de votre enfant à travers des expériences concrètes. Il ne s'agit pas de situations scolaires, telles que votre enfant peut en vivre à l'école, mais bien de pédagogie « domestique », car c'est à vos côtés, avec votre étayage, qu'il construit, depuis sa naissance, ses savoirs les plus structurants. Réparties sur 52 semaines, ces activités sont divisées en sept catégories de jeux : d'arts, de cubes, d'éléments, d'extérieur, d'imitation, de lumière et musicaux. Ces séances s'articulent de manière progressive : au fil des semaines, votre enfant s'investira de plus en plus aisément. Vous pourrez aussi les détourner et les adapter selon votre intuition grandissante. Vous pouvez commencer à tout moment de l'année, avec des enfants de tous âges. Mon plus grand souhait, en rédigeant cet ouvrage, est qu'il participe à nourrir vos relations familiales. Son chapitre le plus important reste à écrire : c'est ce que vous et votre enfant allez en faire ! Je vous souhaite beaucoup de plaisir !

Présentation de l'auteur

Ma passion pour la pédagogie remonte à ma jeunesse : assistante d'éducation dans une école élémentaire de ZEP accueillant des enfants des gens du voyage, j'ai été profondément marquée par l'innovation permanente dont faisait preuve l'équipe éducative, et j'ai alors décidé de devenir professeure des écoles. Ma pratique de classe est aujourd'hui guidée par ces deux questions : « Comment cet enfant apprend-il ? Comment puis-je le rendre acteur de son apprentissage ? » Lorsque je suis devenue maman, cet intérêt a pris un tour nouveau : j'ai ouvert un blog consacré à la manière dont un parent accompagne son enfant sur le chemin de la connaissance (« Merci qui ? Merci Montessori », destiné aux tout-petits de 0 à 3 ans, suivi de « Où es-tu, Coquelipop ? », pour les 3 ans et plus). J'écris quotidiennement sur ce sujet depuis plusieurs années, et j'apprends ainsi chaque jour au contact de mes enfants et de mes élèves. J'espère vous transmettre un peu de mon enthousiasme !

Sources d'inspiration

L'histoire de la pédagogie active commence au début du XXe siècle, dans un climat de questionnement foisonnant sur les questions éducatives. Parmi les nombreux pédagogues, trois courants se distinguent :

- La pédagogie Waldorf/Steiner : c'est une pédagogie complexe, fortement liée à son histoire et à l'idéologie qui caractérise les courants de l'époque. En ce sens, elle a beaucoup vieilli et doit être considérée avec du recul. Néanmoins, elle a le mérite de poser des jalons indémodables : le respect des rythmes de progression de chacun, la priorité au jeu et aux activités créatives et artistiques, l'intégration des parents au sein de l'école...

- La pédagogie Montessori : focalisée sur l'autonomie, elle permet à l'enfant de choisir librement ses activités selon ses goûts et ses besoins. Maria Montessori fait éclater le système scolaire classique (le maître devant ses élèves) : l'adulte se décentre, et observe l'enfant progresser à son rythme en s'appuyant sur un matériel ludique et concret.

- La pédagogie Reggio Emilia : née après la Deuxième Guerre mondiale en Italie, c'est une pédagogie « deuxième génération » qui, selon moi, synthétise les avancées de ses prédécesseurs et les dépasse. Pédagogie active par excellence, elle est entièrement basée sur le respect des droits et des potentialités des enfants.

Jeux musicaux

La musique est capitale du point de vue de la réalisation et de l'éveil personnels de l'enfant. Langage universel par excellence, elle permet de s'exprimer, de découvrir, d'expérimenter, de rechercher, de collaborer et de réfléchir. Les séances proposées ici sont simplissimes ; nul besoin d'être musicien vous-même, ou de disposer d'une collection d'instruments. Elles favorisent toujours le mouvement de l'enfant : la musique est avant tout un langage du corps !

Jeux d'arts

Aristote le disait déjà : l'exercice de l'art permet aux hommes de se décharger de leurs angoisses. Je ne suis pas loin de penser que la pratique artistique, et en particulier plastique, est une entrée privilégiée dans tous les autres domaines d'apprentissage. En s'appuyant sur un matériel restreint mais qualitatif, l'adulte apprend à apprécier le processus artistique – et à oublier un peu le produit fini, qui importe peu pour le jeune enfant, tout entier impliqué dans l'action. La pratique de l'art est une culture de l'instant présent !

Jeux de lumière

Cette section englobe les jeux lumineux au sens strict, mais aussi les jeux de miroirs, qu'il est intéressant de mobiliser, sans outrance, dès le plus jeune âge. N'oubliez pas les miroirs dans votre maison et en particulier dans l'espace « déguisements » : se grimer et se mirer est un besoin fondamental chez l'enfant, nécessaire à la construction de soi. Vous trouverez ici un panel d'idées pour l'initier à l'optique, développer sa confiance en lui, sa connaissance du monde et de la géométrie. Même les familles qui ne disposent pas de matériel spécifique (table lumineuse, rétroprojecteur...) y trouveront leur compte.

Jeux dehors

Que vous habitiez au fond des bois ou dans la banlieue parisienne, sortez ! Dehors, on grandit, on apprend à se concentrer efficacement tout en se délassant, on invente mille mondes... Dehors, on apprend mieux ! Le jardin ou la rue devraient toujours être pensés comme une extension des salles de classe... Dehors, un monde s'ouvre : un monde de découverte, d'altérité, un monde entre parenthèses, loin du stress et de la compétitivité. Le grand air, c'est éducatif, et c'est gratuit !

Jeux d'imitation

Jouer à imiter, c'est jouer à faire « comme si ». L'enfant apprend en grande partie en observant et en imitant. Le jeu est primordial pour votre enfant, et vous pouvez faire beaucoup pour son développement en... jouant le jeu !
Dix ou quinze minutes par jour suffisent parfois à enrichir considérablement la relation. « Jouer avec » est une merveilleuse manière de dire à votre enfant, quel que soit son âge : « Ce que tu fais est important pour moi. »

Jeux de cubes

Si votre enfant n'a pas de cubes, il est à parier qu'il construit quand même, en détournant d'autres jouets ou des objets du quotidien. N'hésitez pas à dédier un espace spécifique à la construction dans sa chambre : pour peu que l'adulte accorde de l'importance à ce type de lieu, l'enfant est susceptible d'y passer beaucoup de temps, et d'y mener des recherches approfondies. Comme en art, l'adulte devra se focaliser sur le processus plutôt que sur le produit fini – ce qui ne l'empêchera pas de constater des avancées notoires en matière d'architecture !

Jeux d'éléments

En mettant à disposition des matières brutes (tissus, coquillages, morceaux de bois...) et en laissant votre enfant les manipuler librement, vous lui permettez de mener des expériences sensorielles et de construire des liens entre les informations qu'il reçoit. Les objets inachevés, sans mode d'emploi spécifique, développent l'imaginaire et invitent à la résolution de problèmes. Les adultes doivent aussi apprendre à se positionner face à de tels matériaux et aux réactions de leurs enfants, car ces activités-là sont ouvertes à tous les possibles !

Sommaire

Semaine 1
Allô ?! 6
Peinture sur cubes 7
Un espace sensoriel pour bébé 8

Semaine 2
Jeux de miroir(s) 10
Table sensorielle 11
« Je vois ton art » 12

Semaine 3
Algorithmes 13
Dehors, c'est chez moi ! 14
Ma poupée, mon bébé 15

Semaine 4
Chasse minuscule 16
De la lumière entre mes mains 17
Avancer autrement 18

Semaine 5
Laver la vaisselle 20
En route ! 21
Gribouillis, gribouillons ! 22

Semaine 6
Jeux de piste, mode d'emploi 24
Bougeons… sur place ! 26
Les paniers de découverte 27

Semaine 7
Séances collage 28
Miroir, mon beau miroir… 30
Le bain des poupées 31

Semaine 8
Séances modelage 32
La musique des tout-petits 34
Le petit déménageur 35

Semaine 9
Empreintes, mode d'emploi 36
Œil de lynx 37
Ombres chinoises 38

Semaine 10
Jeux de piste, variations 40
La chasse aux ombres 41
Sac à mystère 42

Semaine 11
Empreintes à bulles 43
Bulles au vent 44
Au feu, les pompiers ! 45

Semaine 12
Bacs sensoriels 46
La mesure de mon ombre 47
Routines en comptines 48

Semaine 13
Ménage de printemps 50
Question d'équilibre 51
La science sur un plateau 52

Semaine 14
Théâtre d'ombres 54
Apprendre à découper 56
C'est moi la maîtresse ! 57

Semaine 15
Sculptures étincelantes 58
Tout à coller ! 59
Moulage d'empreintes 60

Semaine 16
Construire en grand 62
Circulez ! 63
La nuit dans ma chambre 64

Semaine 17
Le réveil de la Terre 66
Allons au zoo ! 67
Cinéma ! Cinéma ! 68

Semaine 18
Quatre recettes de peinture maison 70
Roulez, jeunesse ! 72
La danse de la pluie 73

Semaine 19
Balade nocturne : on se prépare… 74
Balade nocturne : on y va ! 75
Jouer au docteur 76

Semaine 20
Danse relaxante 78
Boîtes à formes 79
Bac sensoriel maritime 80

Semaine 21
Laisser une trace 82
Ombres et édifices 84
Station de lavage 85

Semaine 22
La tarte taterre 86
Du pareil au même 87
Cassé ! 88

Semaine 23
Duos et orchestres 90
La danse de la peinture aux pieds 92
Reflets 93

Semaine 24
Je suis vétérinaire 94
Bateaux sur l'eau 95
Cubes et balles 96

Semaine 25
Comme en vrai 98
Écoute musicale, mode d'emploi 100
Collage premier âge 101

Semaine 26
Explorations plastiques 102
Les moyens du bord 103
Que fait ma main ? 104

Semaine 27
Mes petits métiers 106
Rétroprojecteur et mathématiques 108
Haut comme trois cubes 110

Semaine 28
Planter sa tente 111
Papillons de nuit 112
Ma cabane 113

JEUX d'imitation

JEUX d'éléments

JEUX de cubes

JEUX musicaux

JEUX d'arts

JEUX de lumière

JEUX dehors

Semaine 29
Voici de l'art 114
Sculptures de boue 115
Un cadran solaire 116

Semaine 30
Sans les yeux 118
Orchestre de cuisine 120
Robotique 121

Semaine 31
Jour de lessive 122
Memory des végétaux 123
Voir la lumière ? 124

Semaine 32
Premières machines 126
Ma collection 128
Mon œuvre, un titre 129

Semaine 33
Travaux de couleurs 130
En miroir 132
La fête d'anniversaire 133

Semaine 34
Mon arbre, du bout des doigts 134
Quel cirque ! 135
Carillon maison 136

Semaine 35
L'agence de voyage 138
Des ombres de toutes les tailles 139
Voyages fabuleux 140

Semaine 36
Jouer dans le noir 142
Patchwork à peindre 143
Mes émotions en musique 144

Semaine 37
Mon refuge dans le monde 145
Invitation à compter 146
Docteur ès sciences 148

Semaine 38
Métamorphose 149
Au bac à sable ! 150
Premières mesures 151

Semaine 39
Capture d'ombres 152
Feuilles d'automne 154
Fabriquer des nids d'oiseaux 155

Semaine 40
La pêche à la ligne 156
Le plan de mon quartier 157
À l'assaut de mon arbre 158

Semaine 41
Chacun son tour 160
Statue mouvante 162
Peinture à bulles 163

Semaine 42
Net et flou 164
En voiture ! 165
Vous prendrez bien un petit ver ? 166

Semaine 43
Premières estimations 168
Vitraux maison 169
Merveilleux cartons 170

Semaine 44
La fabrique à musique 172
Maisons du monde 173
Construire à l'infini 174

Semaine 45
D'autres jeux de collaboration 176
Jardin de sable 177
Pince-moi ! 178

Semaine 46
Réflexion 180
Aquarelle émotionnelle 181
À la loupe ! 182

Semaine 47
Danse avec le vent 184
Les couleurs de l'arc-en-ciel 185
Mini-mondes 186

Semaine 48
Il neige ! 188
Chapeaux ! 189
Refuge sauvage 190

Semaine 49
Sens dessus dessous 192
En formes et en musique ! 193
Cherchez l'indice ! 194

Semaine 50
Une histoire à dire 196
Dessin d'observation 197
Soirée diapos 198

Semaine 51
Paysage sonore 200
Un monde à ma mesure 201
Autoportrait 202

Semaine 52
Tous ensemble ! 204
Le spectacle 205
Le monde est une énigme 206

Allô ?!

• JEUX • d'imitation

Dès 2 ans

Rien de tel qu'un vieux téléphone pour inciter votre enfant à parler ! Les jeux de communication téléphonique permettent aussi aux petits d'objectiver et de mieux vivre la séparation d'avec leurs proches.

matériel

Téléphones-jouets, téléphones de récupération. Répertoire téléphonique.

Conseil
Ce type d'activité est particulièrement bénéfique dans les moments de transition ou d'absence, par exemple si un membre de la famille est absent pour quelques jours.

1 Disposez un ou plusieurs téléphones de manière attractive, sur une table basse, dans la chambre de votre enfant. **Observez ses jeux** : de quoi parle-t-il au téléphone ? À qui ? Si vous percevez des signes d'anxiété (certains enfants peuvent se mettre à réclamer une personne absente, ou avoir des gestes régressifs, comme sucer leur pouce…), demandez à votre enfant s'il souhaite appeler quelqu'un en particulier « pour de faux ». Aidez-le à exprimer ses sentiments en endossant le rôle de la personne au bout du fil.

2 Vous pouvez également imiter la sonnerie du téléphone, le décrocher, puis le tendre à l'enfant : « C'est pour toi. À ton avis, qui est-ce ? » Certains enfants, intimidés par la situation, peuvent refuser de parler directement dans l'appareil. Faites-le dans ce cas à leur place en **les encourageant à verbaliser** : « On dirait que ce serait Mamie au téléphone. Qu'est-ce que je lui dis ? »

3 Posez des questions ouvertes : « Qui utilise un téléphone à la maison ? Pourquoi ? As-tu déjà téléphoné à quelqu'un ? De quoi avez-vous parlé ? » Offrez à votre enfant **un carnet répertoire** : proposez-lui de le remplir avec les numéros des membres de sa famille, de ses amis. Écrivez lisiblement, par exemple en capitales d'imprimerie, de façon à l'aider à reconnaître les noms. Pour des enfants non lecteurs, collez une photo, ou dessinez un portrait ou un symbole permettant d'identifier chaque numéro.

4 Invitez votre enfant à **taper ces numéros** sur son téléphone pour jouer à appeler la personne de son choix. N'hésitez pas à endosser un rôle, et à prêter votre voix au destinataire.

lire, ça inspire !

Allô ! Allô ?, Chris Raschka, La Joie de Lire, 2001.

Peinture sur cubes

• JEUX • de cubes

Dès 2 ans

La meilleure façon de jouer aux cubes avec votre enfant consiste, très simplement, à vous mettre à sa hauteur et à l'imiter en verbalisant ses actions : c'est à travers les multiples manipulations libres que les connaissances physiques et mathématiques se construisent naturellement. Rien ne vous empêche, pour renouveler l'intérêt, de proposer quelques activités spécifiques, comme ce petit jeu de peinture et de vaisselle qui réjouira les enfants de tous âges.

matériel

Gouache aux trois couleurs primaires, petits pinceaux brosses aux manches courts, papier journal, gros cubes lavables de formes variées ou cubes de fabrication maison (deux briques de lait imbriquées et laissées brutes, boîtes en carton…), cuvette d'eau savonneuse, éponge, torchon et serpillière.

1 Tapissez votre sol de papier journal et fixez-le avec du Scotch. Sur ce support, **disposez des cubes**, ainsi que quelques coupelles contenant de la gouache, et des outils (petites éponges et pinceaux-brosses).

2 **Invitez votre enfant** à vous rejoindre dans cet espace et annoncez-lui l'activité : « Aujourd'hui, nous allons peindre des cubes, puis nous les laverons ! »

3 **Observez les actions** de votre enfant et commentez-les : « Tu peins ton pavé en bleu. Oh, tu mélanges le rouge et le vert sur la plus grande face ! » Si vous le souhaitez, installez-vous pour peindre votre propre cube à ses côtés. Tournez soigneusement l'élément pour peindre toutes ses faces et observez si votre enfant fait de même ou non.

4 Lorsqu'il a terminé, **encouragez-le** à laisser des traces sur le papier journal avec les solides. Attirez son attention sur les empreintes obtenues et engagez-le à s'exprimer : « Regarde toutes ces couleurs ! Je vois un grand rectangle jaune et un autre vert, plus petit. Tu les vois ? Et le rectangle bleu, où est-il ? »

5 Proposez ensuite de **laver les cubes** dans une bassine d'eau savonneuse, avec des éponges, des chiffons et des brosses. Observez ensemble la manière dont l'eau change de couleur en même temps que les cubes deviennent de plus en plus propres. Vous pouvez aussi maintenir un cube sous un robinet d'eau pour observer la peinture s'effacer graduellement.

Conseil
Le lavage des cubes peut être proposé le lendemain si vous sentez que l'enfant est fatigué, ou s'il a envie de conserver quelques heures ses œuvres dans l'état.

lire, ça inspire !

Un point rouge, David A. Carter, Gallimard Jeunesse, 2005.

Un espace sensoriel pour Bébé

Les enfants ont besoin d'un environnement qui stimule leur curiosité naturelle et leur besoin vital de comprendre le monde dans lequel ils vivent. Les bébés et les bambins sont fascinés par les objets sensoriels insolites, à condition qu'ils soient autorisés à les manipuler.

matériel

Grand miroir, miroirs acryliques. Table lumineuse. Intercalaires en plastique, chutes de tissu, billes chinoises… Paniers d'osier, petits objets du quotidien pour les remplir. Boîtes, sacs.

Un espace sensoriel

Créez un espace sensoriel, il sera propice au développement physique, à la créativité et à la naissance de la réflexivité de votre enfant.

❶ **Pensez aux miroirs.** Pour les bébés, l'idéal est de fixer un grand miroir au mur, au ras du sol, de manière à ce qu'il puisse s'y refléter. À condition de ne pas exposer votre enfant en permanence à son reflet, il tirera bénéfice de jouer avec son image. Dès que votre enfant s'assoit, proposez des miroirs acryliques qu'il puisse manipuler, de toutes les tailles et de toutes les formes.

❷ **Investissez dans une table lumineuse.** Cet outil fascinant fera du profit et est tout à fait adapté aux tout-petits. Optez pour un modèle bas, de manière à ce que votre bébé puisse y accéder en rampant et s'y appuyer sans difficulté.

❸ Recouvrez le sol d'un tapis de coton épais et lavable. Une peau d'agneau, naturelle ou synthétique, isole parfaitement du froid. Puis décorez cet espace d'une œuvre aux couleurs très contrastées (en noir et blanc par exemple) qui interpellera et développera la vue encore vacillante du nouveau-né.

Astuce
Vous pourrez vous procurer une table lumineuse chez un photographe, sur internet, ou en fabriquer une vous-même avec des guirlandes à LED (voir p. 102, « Explorations plastiques »).

Des matériaux ouverts aux possibles

❶ Pour les bébés en plein stade buccal, pensez toujours à la sécurité ! Grandes formes géométriques colorées découpées dans des intercalaires en plastique translucide, napperons et chutes de dentelles, bols, gobelets et assiettes de pique-nique en plastique coloré, sets de table tissés, boules d'osier…

❷ Lorsque le stade buccal est passé, vous pouvez ajouter des billes chinoises (plates, en magasin de jouets), des objets translucides (cubes, boutons…), des bijoux fantaisie en plastique translucide, des galets…

❸ **Créez des « paniers à trésors »** (voir aussi p. 27 « Les paniers de découverte »). Il s'agit de paniers d'osier que vous remplissez d'objets du quotidien choisis pour leur intérêt sensoriel : anneaux de rideaux en bois, chutes de tissu, clefs, boucles de ceinture, chaînes, rubans, petits récipients variés… Succès garanti dès 8 mois !

❹ Dès que votre bébé commence à marcher, fournissez-lui **des contenants** (boîtes, sacs…) à transporter, vider et remplir de matériaux récupérés : bouchons de bouteilles de lait, pompons, tubes de carton… Optez pour des jouets sensoriels : petits instruments de musique authentiques, cubes en bois naturel, livres à toucher…

lire, ça inspire !

Mon visage, Liesbet Slegers, Mijade, coll. Petit train, 2004.

Jeux de miroir(s)

JEUX de lumière

Dès 6 mois

Le « stade du miroir » le dit bien : une simple glace peut être un outil de choix dans l'éveil de l'enfant et la prise de conscience qu'il a de lui-même. Veillez cependant à ne pas exposer votre tout-petit en permanence à son reflet, surtout s'il est encore dans l'incapacité de se mouvoir. Mais proposé de temps en temps pour des activités spécifiques, le miroir est un matériel magique et plein de potentialité.

matériel

Grand miroir, foulard, carton, miroir souple à découper (Ikéa), colle, guirlande de Noël électrique, objets insolites et esthétiques.

1 **Posez un grand miroir debout contre le mur**, et placez-vous face à lui, votre bébé sur les genoux. Jouez à toucher certaines parties de son corps en les nommant : « Qu'est-ce que c'est ? – C'est ton nez ! – Où est ton nez ? – Il est là ! »

2 **Recouvrez votre visage** (ou celui de votre enfant, si cette situation ne l'effraie pas) sous un foulard. Laissez votre bébé arracher le foulard pour découvrir votre visage – profitez-en pour faire une « drôle de tête ». Le foulard peut aussi cacher un objet que l'enfant prend plaisir à découvrir.

3 **Fabriquez un « cube-miroir »** en collant des rectangles de miroir souple, coupés aux dimensions adéquates, sur les cinq faces internes d'un carton dont vous avez ôté le fond. Proposez cet objet à votre enfant, et observez ses réactions face à ses reflets multiples et à leurs relations. Encouragez-le à verbaliser ses actions, ses observations, et ses perceptions des objets qu'il placera dans la boîte.

4 Lorsque votre enfant est familiarisé avec ce « cube-miroir », placez **une guirlande de Noël à l'intérieur** et observez ses réactions. Placez des objets inhabituels (bocal rempli de pierres, branche morte, carotte avec fanes…) de façon à ce que votre enfant puisse les voir sous toutes leurs faces. Encouragez-le à exprimer ses idées et ses pensées, et à expliquer les phénomènes.

Conseil
Accrochez deux petits miroirs adhésifs de chaque côté d'un fil que vous suspendez dans l'aire de jeu de votre bébé. La hauteur doit lui permettre de l'effleurer pour le faire bouger et admirer les reflets produits, mais pas de le saisir pour l'arracher.

lire, ça inspire !

Beaucoup de beaux bébés, David Ellwand, Claude Lager, L'École des loisirs, Pastel, 2009.

Table sensorielle

• JEUX • musicaux

Dès 18 mois

Les tables « à eau » ou « à sable » permettent des expériences sensori-motrices essentielles : en manipulant, l'enfant découvre les propriétés physiques des objets et des matériaux. Ici, la table sert à expérimenter l'univers sonore provoqué par des gestes simples.

matériel

Table sensorielle ou large bassine posée sur une table basse. Matériaux pour la remplir : eau, riz... Outils : cuillères, petites pelles...

1 Laissez votre enfant **découvrir librement** sa table sensorielle. L'expérimentation dure plusieurs semaines, et l'adulte se contente de renouveler les matériaux proposés (eau, riz, farine, sable, perles, coquillages...) et les outils (pots, bouteilles, couvercles variés, cuillères, fourchettes, grillage, pelles, râteaux, entonnoirs, passoire, tuyaux, moulins à eau...) afin de relancer l'intérêt de l'enfant.

Variante

Proposez des univers sensoriels thématiques, en jouant sur les matières : bois, métal, plastique, caoutchouc... Essayez de choisir des objets aux propriétés variées ou focalisez-vous au contraire sur un type d'outils selon leur contenance, leur forme ou leurs dimensions : objets creux, objets troués...

2 Observez les manipulations de votre enfant et **verbalisez les actions effectuées** avec précision en attirant son attention sur les sons produits : « Tu fais glisser le riz sur ce couvercle rose en le balançant de droite à gauche », « Tu secoues ce pot de riz. Ça fait Tchic, tchic ! », « Tu fais couler l'eau dans l'entonnoir : tu entends le bruit de l'eau qui coule dans la bouteille ? » Vous pouvez choisir de manipuler aux côtés de votre enfant, pour participer à l'expérience et enrichir son répertoire gestuel.

3 Aidez l'enfant **à décrire et à comparer les sons produits**. Reprenez ses mots (« Ça tombe fort ! », « On dirait la pluie... »), mais introduisez également un lexique « scientifique » précis : « Oui, c'est un son bref, clair, sourd... » N'hésitez pas à recourir aux onomatopées et autres imitations vocales : « Pic ! Pschiiit... Bong ! »

Prolongement

Ce type d'expérience, longuement pratiquée, débouche naturellement sur la fabrication de petits instruments (maracas, bâtons de pluie...) qui exploitent ces découvertes concrètes. *Voir p. 172, « La fabrique à musique ».*

lire, ça inspire !

Le Rythme de la rue, Linda England, Letizia Galli, Circonflexe, 1997.

« Je vois ton art »

JEUX d'arts

Dès 18 mois

Les adultes ont tendance à ne voir que des « gribouillis » dans les premiers tracés de leur enfant. C'est oublier que derrière chaque geste se cache un monde d'intentions. Les premiers dessins sont en réalité aussi complexes que les antiques pictogrammes mésopotamiens ! La manière dont nous parlons aux enfants de leurs productions a le pouvoir d'encourager ou d'inhiber leur production.

citation

« Dans chaque enfant il y a un artiste. Le problème est de savoir comment rester un artiste en grandissant. » Pablo Picasso

1 Face au dessin de votre enfant, résistez à la tentation de demander : « Qu'est-ce que c'est ? », qui revient à avouer votre impuissance à déchiffrer ce qui lui a coûté tant de travail. Prenez l'habitude de dire à la place : « Veux-tu me parler de ton dessin ? » Le message adressé est très différent : vous aimeriez en savoir plus sur son œuvre, et vous accordez de l'importance au discours de votre enfant sur son travail.

Prolongement
Décrire et commenter le dessin de votre enfant dans ce qu'il a d'unique lui permet de construire une image mentale de ses procédés personnels. Petit à petit, l'enfant parle plus longuement et plus librement de son art, explicite ses choix et ses intentions.

2 Lorsque votre enfant vous montre un travail, n'y jetez pas un œil distrait en vous exclamant : « Que c'est beau ! » Obligez-vous à énoncer deux propositions descriptives, par exemple : « Je vois que tu as tracé deux grands traits bleus, ici », « Tu as changé de couleur pour faire de petits cercles ! » Vous serez étonné du pouvoir de ces deux phrases, jour après jour, sur votre relation à l'art de votre enfant… et sur la sienne ! Petit à petit, ses réponses seront plus enthousiastes et plus élaborées, et vous n'aurez bientôt plus besoin de vous contraindre pour réagir face à ses travaux comme devant d'authentiques œuvres d'art.

lire, ça inspire !

Gribouillages, Taro Gomi, Seuil Jeunesse, 2001.

Algorithmes

JEUX de cubes

Dès 4 ans

Les algorithmes sont des suites logiques de motifs simples qui se répètent de manière régulière. On en trouve aisément dans l'environnement quotidien (vêtements, papier peint, vaisselle…).

matériel

Cubes de toutes sortes. Objets du quotidien présentant des motifs répétitifs. Facultatives : figurines.

1 Montrez à votre enfant **ce qu'est un algorithme** en vous appuyant sur des imprimés d'objets quotidiens présentant un motif répétitif, du type « étoile, lune, étoile, lune, etc. ». Ensemble, partez à la chasse aux algorithmes dans votre environnement et décrivez-les.

2 Mobilisez tous les membres de votre famille pour **créer un algorithme humain** : donnez-vous la main en alternant un adulte/un enfant/un adulte…, ou : une fille/un garçon/une fille… Si vous n'êtes pas assez nombreux, vous pouvez mobiliser des petits personnages-jouets pour faire une ribambelle. Placez-vous face à la ribambelle et verbalisez : « Garçon, fille, garçon, fille… » en pointant chacun du doigt, puis encouragez votre enfant à faire de même. Faites-le poursuivre : « C'est fini ! Mais si on voulait continuer, il faudrait un garçon ou une fille ? » Avec l'aide de votre enfant, inventez d'autres algorithmes humains : « assis/debout/assis » ou « de face/de dos/de face », etc.

3 Proposez-lui ensuite de construire des algorithmes **avec ses cubes** : fournissez-lui une collection de cubes, de deux types (cubes et pyramides, par exemple). Commencez l'algorithme sous ses yeux en alternant les deux figures et laissez-le poursuivre.

4 Lorsque l'exercice est familier, demandez à votre enfant de choisir **trois types de cubes différents** (de forme ou de couleur) pour construire un algorithme à trois variables. Encouragez-le toujours à dire l'ordre des éléments ; il peut aussi les chanter, les scander en tapant dans ses mains…

5 Plus tard, vous pouvez lui proposer de construire un pavage ou un mur « à motifs » avec ses cubes. L'exercice est plus difficile puisque que la répétition s'exerce dans **deux dimensions**. Vous pouvez dessiner ensemble votre motif sur un papier quadrillé pour vous servir de guide.

Conseil

Respectez toujours le rythme de votre enfant et stoppez l'activité aux premiers signes de fatigue. Chacune des étapes de cette activité peut être réalisée à des jours différents. N'hésitez pas à passer de longues semaines sur une étape avant de passer à la suivante si votre enfant ne s'en lasse pas.

Prolongement

Les algorithmes peuvent être pratiqués avec la plupart des jouets : perles à enfiler, Lego à assembler, picots à planter…
Certains enfants aiment suivre des modèles. Photographiez leurs propres créations afin qu'ils puissent les reproduire plus tard.

lire, ça inspire !

Parade, Adrien Parlange, éditions Thierry Magnier, 2009.

Dehors, c'est chez moi !

JEUX dehors

Dès 1 an

Pensez toujours l'environnement extérieur comme un espace d'apprentissage. C'est un lieu idéal pour être, faire, rencontrer, jouer, penser et rêver, parler, écouter, se reposer ou manger. La plupart des activités classiques sont transposables à l'extérieur et se chargent aussitôt d'une profondeur d'expérience qu'elles n'ont pas à l'intérieur.

Lire dehors

matériel

Livres, vieilles couvertures, coussins et poufs…

Au retour d'une visite à la bibliothèque, proposez à votre enfant d'installer son petit coin à lui sur votre balcon ou dans votre jardin pour découvrir les albums empruntés. Proposez-lui des couvertures, quelques coussins et poufs, et laissez-le arranger son espace à sa guise. N'hésitez pas à vous éloigner un peu pour ménager sa concentration : le plaisir de lire dehors, dans un petit espace aménagé par soi, est un bonheur très personnel !

Tracer dehors

matériel

Craies de trottoir, vaporisateur rempli d'eau, supports variés : sol de terrasse, mur, trottoir, écorce, meuble d'extérieur en bois, grosse pierre, grand tableau noir fixé à un mur du jardin…

Veillez à ce que les supports soient à hauteur d'enfant et proposez de dessiner dessus avec de grosses craies. Vous pouvez choisir de vous concentrer sur un support par jour, ou d'en présenter un nouveau lorsque vous sentez que votre enfant se lasse. Laissez-le manipuler les craies et le pulvérisateur. Commentez ses actions : « Tu as tracé un large cercle rouge. La couleur change quand tu ajoutes de l'eau. Tu aimes toucher, tu étales avec tes paumes. Tu mélanges, regarde : ça fait une nouvelle couleur ! »

Variante
En été, proposez de laisser des traces au moyen d'un pinceau trempé dans un bol d'eau. La magie des traces qui s'estompent au soleil est une autre expérience physique intéressante !

lire, ça inspire !

Jardins en comptines, Michelle Daufresne, Seuil Jeunesse 2006.

Ma poupée, mon bébé

JEUX d'imitation

Dès 2 ans

S'occuper d'un plus petit que soi est une excellente occasion de grandir… Est-il besoin de préciser que l'activité suivante, hautement responsabilisante, n'est pas réservée aux filles ? Les petits garçons aussi deviendront peut-être parent un jour !

matériel

Poupée(s), lit de poupée et sa literie, vêtements de poupées. Accessoires : couches, petits biberons, hochets… Petites bouteilles de dînette ou de récupération, flacons de produit pour bébé vides et propres. Parc et siège auto de poupée… Dînette.

1. Une bonne manière d'introduire l'activité est d'inviter une jeune maman ou de lui rendre visite : **face à un nouveau-né**, le tout-petit se sent grand, compétent et raisonnable.

2. Demandez à votre enfant s'il se souvient de **quand il était « petit »**. Racontez-lui, de votre côté, des histoires relatives à sa gestation, sa naissance, ses premiers mois, sa première année… Montrez-lui son album de naissance, ou des petits souvenirs que vous avez conservés (bracelet de maternité, mèche de cheveu…).

3. Installez un coin « poupée » dans sa chambre et **présentez-lui le matériel** en le nommant précisément. Adaptez le nombre d'accessoires à son âge, afin qu'il ne soit pas submergé, quitte à introduire petit à petit les nouveautés. Observez-le développer ses propres scénarios. Préfère-t-il habiller, changer, laver ou bercer sa poupée ?

4. **Intervenez** uniquement s'il semble démuni : « Est-ce que c'est l'heure de coucher ta poupée ? Comment peux-tu l'aider à s'endormir ? Comment est-ce que je t'aide, moi, à t'endormir ? » Si le jeu s'essouffle, vous pouvez aussi endosser un rôle dans le jeu en prenant soin d'une poupée – ne choisissez pas celle que votre enfant semble préférer. « Mon bébé n'arrête pas de pleurer ! Qu'est-ce que je peux faire ? » Vous pouvez aussi décider d'endosser le rôle du grand frère ou de la grande sœur : votre enfant adorera jouer votre parent ! « Ma petite sœur a faim ! Est-ce que j'ai le droit de lui donner à manger ? Comment dois-je faire ? » Essayez toutefois de prendre le moins de place possible dans le jeu : votre rôle doit être minimaliste !

Prolongement
Retrouvez d'autres jeux de poupées p. 31, « Le bain des poupées ».

lire, ça inspire !

Camille a un bébé, Jacques Duquennoy, Albin Michel Jeunesse, 2004.

Chasse minuscule

JEUX dehors

Dès 4 ans

La chasse aux insectes permet d'affiner la connaissance des petites bêtes qui vivent à nos côtés dans les parcs, les jardins et les bois. Voici des méthodologies simples, selon le type de terrain d'exploration de vos enfants, qui permettront à la fois l'observation efficace et le respect des espèces étudiées.

matériel

Bâche en plastique, gants de jardinage, boîtes à insectes ou boîtes en plastique transparent, pinceau-brosse, loupe. Facultatif : guide des insectes.

1 **Dans le bois mort :** si vous trouvez un arbre mort sur votre chemin de promenade, prenez le temps de toucher sa surprenante texture spongieuse et friable. Attirez l'attention de votre enfant sur la vie qui grouille sur l'écorce. Expliquez-lui l'importance des arbres morts dans l'écosystème forestier : certains insectes, comme le lucane ou le capricorne, ne peuvent vivre qu'à proximité d'une souche pourrie. De plus, la putréfaction du bois enrichit le sol et permet aux jeunes arbres de bénéficier de nutriments essentiels.

2 **Dans les feuilles :** déposez une brassée de feuilles mortes, partiellement décomposées, sur une bâche en plastique étendue au sol. Montrez à votre enfant comment retourner précautionneusement les feuilles – portez éventuellement des gants ou utilisez un bâton. Cueillez les petites bêtes qui apparaissent à l'aide du pinceau et déposez-les délicatement dans une boîte fermée (ménagez de minuscules trous pour l'aération si nécessaire). Observez-les à la loupe et décrivez-les ; vous pouvez rechercher le nom de chacune dans un guide avant de les relâcher dans les feuilles mortes, à l'endroit même où vous avez prélevé votre échantillon.

3 **Sous les bûches et les branches :** soulevez délicatement un rondin, et basculez-le sur le côté pour observer limaces et cloportes qui se cachent contre la terre fraîche. Replacez toujours la bûche dans sa position initiale à la fin de l'exploration. Rien ne vous empêche de placer vous-même, avec votre enfant, une grosse branche sur le sol, et de venir constater, quelques semaines plus tard, les espèces qui sont venues s'y réfugier.

La sécurité d'abord !
Assurez-vous que votre enfant se lave soigneusement les mains après l'exploration.

lire, ça inspire !

La Toile, Isabelle Simler, éditions courtes et longues, 2013.

De la lumière entre mes mains

• JEUX •
de lumière

Dès 2 ans

Une simple lampe de poche permet d'initier le tout-petit aux propriétés de la lumière, et de l'engager dans une exploration relaxante. Savourez ensemble les sensations nouvelles procurées par l'exercice.

matériel

Lampe de poche, feuilles de Cellophane colorées (ou intercalaires en plastique translucide). Lecteur CD, disques, grandes images reposantes.

1 En théâtralisant un peu cet instant, sortez la lampe de votre poche pour la montrer à votre enfant. Laissez-lui le temps nécessaire pour la manipuler et l'examiner silencieusement, puis demandez-lui s'il connaît cet objet. Si besoin, montrez-lui comment actionner l'interrupteur, et introduisez le mot exact : « C'est une lampe de poche, une petite lampe qui tient dans la poche. As-tu déjà vu quelqu'un se servir d'une lampe de poche ? Peux-tu me montrer comment il l'utilisait ? Quel geste faisait-il ? »

2 Au cours de la manipulation libre, guidez les explorations de l'enfant en lui posant de petits défis : « Peux-tu bouger le faisceau tout doucement ? Vite ? Peux-tu éclairer le plafond ? Le sol ? Les murs ? »

3 **Jeu de cache-cache.** Tamisez les lumières et asseyez-vous au sol avec votre enfant. « Un petit rayon de lumière est caché et tu dois le trouver. » Orientez le faisceau dans la pièce en le faisant bouger lentement. L'enfant le pointe du doigt lorsqu'il l'a repéré – les plus petits éprouveront le besoin de se lever pour aller toucher et jouer dans le spectre.

4 **Lumière en couleur.** Scotchez un morceau de plastique coloré devant le verre de votre lampe. Variez les coloris si vous avez plusieurs lampes, et proposez-les dans un petit panier. Confiez les lampes à votre enfant, en lui expliquant de ne pas arracher votre dispositif. Invitez-le à allumer les lampes, aidez-le à nommer les couleurs qui apparaissent. Les objets domestiques familiers, mais aussi votre peau ou vos cheveux, changent de couleur sous cette lumière douce.

5 **Temps calme.** Accrochez des posters d'images relaxantes au plafond (paysages, eaux, bougies…), diffusez une musique de relaxation, et allongez-vous dans l'obscurité aux côtés de votre enfant pour pointer ces images avec le faisceau de la lampe.

Prolongement
Proposez à votre enfant de faire passer la lumière à travers des récipients remplis d'encre ou d'eau colorée grâce à du colorant alimentaire. Encouragez-le à créer ses propres couleurs en mettant à sa disposition divers récipients et compte-gouttes.

lire, ça inspire !

Jeu de lumière, Hervé Tullet, Panama, 2006.

Avancer autrement

Combien y a-t-il de manières différentes d'aller d'un point A à un point B ? Ce petit défi engagera votre enfant à tester divers types de déplacements, tout en s'amusant. Au cours de cette activité, rappelez à votre enfant que le but du jeu n'est pas d'aller vite, mais de tester de nouveaux mouvements.

matériel

Scotch d'électricien.

1. À l'aide du Scotch d'électricien, tracez deux lignes parallèles sur le sol (faites un essai au préalable sous un meuble afin de vérifier que le ruban adhésif ne laisse pas de trace) : placez-les chacune à un mètre d'un mur, aussi éloignées l'une de l'autre que les dimensions de votre pièce vous le permettent.

2. Abordez avec votre enfant le thème des déplacements : comment se déplace un être humain ? Comment se déplace un chat ? Un poisson ? Un lézard ? Jouez ensemble à imiter les déplacements des animaux préférés de votre enfant (vous pouvez télécharger un dé à fabriquer qui servira d'inducteur à ce jeu : http://mercimontessori.blogspot.fr/2013/11/un-de-pour-la-motricite.html).

3. Montrez à votre enfant les lignes sur le sol et expliquez-lui qu'elles vont servir de repères pour le jeu. Placez-vous derrière la première ligne : « Peux-tu aller jusque là-bas sans décoller ton ventre du sol ? » Observez les stratégies de votre enfant : rampe-t-il, ondule-t-il, en avant, en arrière ? Une fois la deuxième ligne atteinte, asseyez-vous dessus, et invitez votre enfant à expliquer comment il a réussi à avancer. A-t-il pensé à un animal en particulier, ou à un personnage ? A-t-il improvisé ? A-t-il changé de stratégie en cours de route ?

4. « Maintenant, nous devons retourner à la première ligne, toujours sans décoller le ventre du sol... Mais on n'a pas le droit de faire comme la dernière fois. Il faut trouver une nouvelle manière de faire. »

5. Recommencez le jeu en variant les consignes : sur le dos, sur les genoux, sur les fesses... Et sur les pieds : pieds joints, pieds croisés, sur un pied...

Variante
Vous pouvez, si cela ne nuit pas à la concentration, proposer cet exercice en musique. Mais ce n'est pas indispensable : on peut très bien danser en silence !

Prolongement
Un autre jour, demandez à votre enfant d'imiter des animaux (kangourou, caméléon...) ou des personnes (cycliste, bébé...).

lire, ça inspire !

Bouge !, Steve Jenkins, Robin Page, Circonflexe, 2007.

Laver la vaisselle

JEUX d'imitation

Dès 2 ans

Voici l'activité, gratuite et éducative, qui a occupé mon aîné toute sa petite enfance… Suivez le guide ! N'attendez pas, bien sûr, que votre enfant lave la vaisselle de manière efficace : la plupart des bambins lavent de nombreuses fois la même assiette, sans se soucier du produit fini. Ce faisant, ils construisent leur connaissance des différents éléments et de leurs propriétés physiques.

matériel

Vaisselle en plastique, couverts en métal… Produit à vaisselle (ou savon liquide mélangé à de l'eau dans un flacon), éponge, brosse à vaisselle, torchon. Égouttoir. Large cuvette. Facultatif : un imagier sur le thème de la cuisine.

Variante
Retrouvez d'autres jeux avec de l'eau p. 31, « Le bain des poupées » et p. 122, « Jour de lessive ».

1. En amont, remplissez la cuvette d'eau tiède savonneuse à moitié. Posez-la sur une table basse recouverte de serviettes de toilette. **Organisez la surface de travail** de manière attractive et fonctionnelle : la vaisselle « sale » d'un côté, et l'égouttoir, destiné à recevoir la vaisselle « propre », de l'autre côté. Disposez également le torchon, l'éponge, le flacon de produit, de manière accessible.

2. Lisez à votre enfant **un imagier** sur le thème de la vaisselle, et parlez de cette activité : « Qui fait la vaisselle à la maison ? Est-ce que tu nous aides, parfois ? De quoi a-t-on besoin pour laver la vaisselle ? »

3. Montrez à votre enfant **l'espace que vous avez aménagé** : « Je pense que cette vaisselle-là aurait bien besoin d'être nettoyée. Est-ce que tu veux le faire ? » Aidez votre enfant à enfiler son tablier (imperméable si possible), puis laissez-le œuvrer en observant en retrait. Laissez-lui tout le temps nécessaire pour explorer le plaisir sensoriel de l'eau tiède, de la mousse…

4. Attendez-vous à ce que votre enfant invente lui-même des prolongements à cette activité : laver la table, voire le sol, à grande eau… Soyez clair dès le début sur **ce qui est autorisé ou pas**. Exprimez toujours les règles de manière positive : si vous ne voulez pas que votre enfant renverse la bassine d'eau par terre, dites-lui : « L'eau du bac reste dans le bac », en désignant ce dont vous parlez. À l'intérieur de ces frontières, laissez votre enfant expérimenter librement.

lire, ça inspire !

Ma cuisine à dessiner, Emmanuelle Teyras, Mango, 2012.

En route !

• JEUX • de cubes

Dès 2 ans

Les tout-petits aiment aligner les cubes, bien à plat sur le sol, les uns derrière les autres. Si c'est le cas de votre enfant, l'activité suivante lui permettra d'utiliser ses premières constructions pour jouer !

matériel

Gros cubes en bois, petites voitures, figurines (animaux, personnages…).

1 En amont, disposez une sélection de **véhicules miniatures** variés dans un sac : voiture de police, camion de pompier, camion poubelle, véhicules de chantier… Lisez à votre enfant un album ou un imagier se rapportant aux véhicules, puis demandez-lui de piocher dans le sac un engin à la fois. Ensemble, faites-le rouler, nommez-le, imitez le bruit de sa sirène ou de son moteur… Proposez à votre enfant de faire rouler les véhicules sur différentes textures parmi celles qui se trouvent autour de vous : coussins moelleux du canapé, dessus de table en bois, en verre ou en marbre, parquet, murs, portes… Décrivez les sensations produites.

2 **Observez** votre enfant en train de jouer avec ses cubes. Lorsqu'il aligne les cubes en file indienne, verbalisez : « Tu as placé trois cubes les uns derrière les autres. Cela ferait une belle route pour tes voitures et tes camions, non ? »

3 « Tes voitures roulent bien sur cette route… Mais je me demande où elle va ? » Telle peut-être, par exemple, l'amorce qui encouragera votre enfant **à construire une route plus longue**, puis, lorsqu'il sera prêt, à bâtir des garages ou des parkings pour ses véhicules.

Conseil
Laissez à votre enfant tout le temps nécessaire pour faire rouler ses voitures sur ses routes. Attendez que l'intérêt retombe pour amorcer la phase suivante – peut-être plusieurs semaines plus tard !

lire, ça inspire !

Je conduis une voiture, Pierrick Bisinski, Nathan, 2007.

Gribouillis, gribouillons !

Les premiers dessins de votre bambin vous semblent monotones, et vous éprouvez des difficultés à y voir « de l'art » ? Essayez de varier les situations : les sensations produites, les gestes induits ne seront jamais les mêmes... et les grands frères et sœurs de votre bébé voudront essayer, eux aussi !

Composez une invitation à dessiner

Pour cela, mixez les éléments ci-après. Cette liste est non exhaustive, laissez place à l'originalité : feutres sur filtres à café fixés à la verticale ; crayon sur pierre sous une table ; éponge humide sur assiette en papier scotchée sur un arbre du jardin... !

Conseil
Plus l'enfant est petit, plus le nombre d'objets proposés doit être limité.

Outils : mains, doigts, pieds, gros crayons de couleurs, gros feutres, surligneurs fluo, pinceaux plats ou ronds, stylos, gros crayons à papier, crayons de cire, craies de trottoirs, Coton-Tige, bâtonnets de glace, balle, petites voitures, figurines animalières, ficelle, éponge, pipette ou poire à jus, brindilles, marqueurs gouache « Chunkie », pastels gras, pastels secs, fusain...

Matériaux : colorant alimentaire, blanc de Meudon, huile d'olive ou d'amande douce (pour repasser au pinceau un dessin au pastel gras, par exemple), petit-suisse, gouache, acrylique (attention, ça tache !), aquarelle, encres...

Supports : vieux calendriers, boîtes à chaussures, boîtes de céréales en carton, filtres à café, assiettes en papier, papier essuie-tout, plaque à pâtisserie, papier bulles, recueil de coloriages, vieilles bandes dessinées ou livres très abîmés, vieilles cartes postales, enveloppes usagées, pochette en carton, feuilles de magazines, journaux, serviettes en papier, papier « machine » blanc ou coloré, papier Canson coloré, papier à origami, papier à aquarelle, papier pour pastel, chutes de tissu, vitres, miroir, cailloux, branches...

Lieux : sur le plancher, sur le trottoir, dans le jardin, dans le parc, dans l'herbe, à la piscine, sous une tente, dans un fauteuil, sur les genoux de papy, contre le dos de maman, contre une porte, contre un arbre, contre une clôture, contre un mur, sur un plateau, sur une fenêtre, sous une table, sous une chaise, sous un lit...

Lire, ça inspire !

Sauvages, Rop Van Mierlo, éditions MeMo, 2012.

Jeux de piste, mode d'emploi

Les jeux de piste sont irrésistibles : ils enthousiasmeront les plus indifférents au monde de la nature, les initieront au monde des sciences, et les sensibiliseront à leur environnement de manière ludique.

matériel

Sacs ou boîtes pour récolter les trésors. Facultatifs : guides nature, jeu de piste préparé au préalable par l'adulte.

1. Les meilleurs jeux de piste sont souvent **improvisés** : « Qui trouvera l'élément naturel le plus intéressant de ce petit bois ? » Une fois la chasse accomplie, chacun explique pourquoi il a choisi tel ou tel objet. Encouragez votre enfant à réfléchir sur la fonction de son trésor au sein de la nature : une coquille de noisette rongée, par exemple, est le témoin que son fruit a certainement nourri un animal. La coque va s'enfoncer dans le sol et se décomposer lentement, aérant ainsi la terre avant de l'enrichir. Insistez sur le fait que, si certains éléments peuvent être rapportés à la maison pour rejoindre une collection ou servir de base à une activité créative, la plupart devront être remis à l'emplacement où ils ont été trouvés.

2. Vous pouvez aussi **anticiper** et préparer à l'avance, en vous appuyant sur vos observations personnelles et la connaissance que vous avez du milieu, une liste de « trésors » à dénicher : un beau caillou, trois coquilles d'escargots vides, cinq glands…

3. Tout jeu de piste peut être **adapté à l'âge de l'enfant** : aux plus jeunes, on demande de rapporter « cinq feuilles différentes », « une plume et une pomme de pin », « quelque chose de gris »… Les consignes sont orales (et souvent improvisées en fonction du milieu), mais vous pouvez aussi vous appuyer sur des images. Les plus grands relèveront des défis à leur mesure : trouver un gland ou un marron germé, repérer la trace du passage d'un animal (une fiente, une touffe de crin ou de poils)…

Prolongement

Les jeux de pistes des grands jours se constituent d'une série d'énigmes ou de rébus : « De quelle couleur sont les fleurs de cardamine ? », « Observe l'ancolie : son nom vient du mot "aigle". Pourquoi ? »… Choisissez des questions qui nécessitent la consultation d'un guide et théâtralisez en cachant les énigmes dans de petites enveloppes : vous les donnerez au fur et à mesure à votre enfant, lorsque la question précédente aura été résolue.

lire, ça inspire !

Les Plantes par la couleur : fleurs, graminées, arbres et arbustes, Thomas Schauer, Claus Caspari, Delachaux et Niestlé, 2013.

Bougeons... sur place !

• JEUX • musicaux

Dès 4 ans

Peut-on bouger en restant à la même place ? Ce petit défi permettra à votre enfant d'enrichir son répertoire moteur, de développer sa conscience corporelle et sa motricité fine et globale. Invitez toute votre famille à participer à cette séquence, et n'oubliez pas qu'il ne s'agit pas de faire de ce jeu une compétition !

matériel

Scotch coloré d'électricien, ciseaux, lecteur CD et disque de musique instrumentale douce.

1. Invitez votre enfant à s'asseoir sur le sol avec vous. Parlez du mouvement : « Quelles sont les parties de ton corps que tu peux bouger ? Peux-tu les bouger de différentes manières ? » L'enfant peut faire une démonstration ou tenter de décrire les mouvements réalisés avec ses mots.

Variante

Ce jeu peut déboucher sur un jeu du chef d'orchestre, où chacun imite les gestes d'un leader, ou un « Jacques a dit » où il s'agit de suivre des instructions… Le tout sans quitter sa place, bien entendu !

2. Posez le problème : « Est-il possible de bouger en restant à la même place ? » Invitez votre enfant à bouger en restant assis. Puis proposez-lui de bouger en restant à sa place dans d'autres positions : debout, accroupi, allongé… Invitez-le à trouver un emplacement au sol d'où il puisse faire de grands gestes sans heurter un meuble ou une autre personne, et à le marquer d'une croix de Scotch.

3. « Nous allons essayer de bouger beaucoup en restant à notre place ! » Expliquez à votre enfant que lorsque nous bougeons, nous utilisons nos muscles et proposez-lui quelques étirements pour commencer l'exercice : tendez un pied, puis l'autre, étirez une jambe, puis l'autre… et ainsi de suite jusqu'au cou et à la tête.

4. Chacun se tient ensuite debout à sa place, et bouge librement au son de la musique. Encouragez votre enfant à tenter de multiples manières de faire, en faisant des suggestions si nécessaire : « Peux-tu bouger seulement tes bras ? Et les bras et la tête ensemble ? Peux-tu balancer ton corps en gardant les pieds au sol ? », etc.

5. L'exploration terminée, répétez l'exercice assis au sol. Encouragez votre enfant à réinvestir et enrichir son répertoire moteur dans cette nouvelle position : « Quelles parties du corps peux-tu bouger lorsque tu es assis ? » Cette dernière phase peut se jouer sans musique, le silence amplifiant la portée des gestes exécutés.

lire, ça inspire !

On danse ?, Nathalie Collantes, Julie Salgues, Autrement Jeunesse, 2002.

Les paniers de découverte

• JEUX • d'éléments

Dès 8 mois

L'activité suivante ne coûte pas un centime, est rapide à préparer, déclinable à l'infini, et développe la concentration de l'enfant, en l'incitant à explorer par les sens et à observer finement. Il suffit de choisir autour de vous des objets du quotidien qui ne présentent aucun danger et de les déposer dans un panier.

Quelques idées d'objets pour remplir vos paniers :

Naturels : bols et boîtes en bois, pommes de pin, noyaux d'avocat, cuillères en bois (à miel, etc.), épis de maïs, tronçons de jolies branches sèches débarrassées de leur écorce, pierres, coquillages, morceaux d'écorce solide, éponges naturelles, fruits et légumes entiers, pinces à linge en bois, pelotes de ficelle de cuisine, petits rouleaux à pâtisserie en bois, œufs de bois peints, coloquintes et petites courges, plumes, anneaux de rideaux en bois, noix, bouchons de liège, morceaux de bois flotté…

Sonores : papiers divers à froisser, petits pots en verre transparents contenant des graines variées, œufs musicaux, claves, maracas, güiros, grelots, cymbales, castagnettes…

Doux : pelotes de laine et pompons, foulards de soie, rubans de satin et de velours, coupons de tissus, balles, galons de dentelle, bougies de cire naturelle, carrés tricotés ou crochetés, serviettes de table en tissu, houppettes, chouchous bien propres, petits sacs de tissu bourrés de haricots secs, chaussettes, cravates de soie, gants, chenilles cure-pipe aux extrémités repliées…

Métalliques : fouets manuels pour battre les œufs, spatules et passoires, couvercles de petits pots, dînette, petites cuillères, presse-ail, petits moules à financiers ou à tartelettes, petites boîtes de conserve non ouvertes et débarrassées de leur étiquette, presse-purée manuel, emporte-pièces, trousseaux de clefs…

Rugueux : brosses, bigoudis, éponges de cuisine, petits appareils de massage à picots en bois, gros pinceaux, pierre ponce, morceau de papier de verre, gant en loofa…

La sécurité d'abord !
Ne laissez jamais manipuler votre enfant sans la surveillance d'un adulte.

Étincelants : bijoux fantaisie, miroirs de poche, coquillages nacrés et morceaux de quartz, loupe, guirlandes et décorations de Noël, vieux CD…

Odorants : bâtons de cannelle, flacons d'épices vides, petits sacs de tissu bourrés de lavande ou de graines odorantes, sachets d'herbes variées, morceaux de tissus imprégnés d'une goutte d'huile essentielle…

Insolites : petits albums garnis de photographies de bébés et de visages des membres de la famille en gros plan, chapeaux, entonnoirs, boîtes d'œufs, sacs, porte-monnaie et portefeuilles, tubes en carton, moules à glaçons, bobines de fil, petites bouteilles « surprises » (pleines d'eau ou de riz colorés, de paillettes, de sable…), rouleaux de gros Scotch, élastiques à cheveux bien propres, aimants, pailles, grosses pâtes alimentaires sèches, porte-clefs, chapelets, ronds de serviette, pièces d'échiquier…

Lire, ça inspire !

Une année en images, Sophie Kniffke, Grasset, 2003.

Séances collage

Lorsque le tout-petit découvre le collage, ce n'est pas le produit fini qui l'intéresse, mais bien la découverte de ce que « coller » signifie. Voici quelques situations très simples qui permettront aux enfants d'explorer en toute liberté *via* des matériaux variés.

Avec du Scotch

matériel

Différents types de scotch (masking tape, Scotch d'électricien, de pharmacie…), feuille de papier. Ciseaux, récipient lourd à hauts rebords.

Découpez de petits morceaux de Scotch de quelques centimètres et posez-les tout autour d'un plat lourd, placé en milieu de table, de manière à ce qu'ils soient faciles à attraper. Invitez votre enfant à les saisir pour les coller ensuite sur sa feuille de papier. Les plus grands se chargeront de couper eux-mêmes leur scotch.

Avec de la colle

matériel

Boules de coton, colle blanche écologique, récipient peu profond, feuille de papier type Canson coloré.

Versez un peu de colle blanche au fond d'un récipient et disposez quelques boules de coton sur la table, ainsi que la feuille de papier coloré. Invitez votre enfant à plonger un morceau de coton dans la colle et à expérimenter cet outil sur le papier : frotter comme pour peindre, tapoter, déposer, etc.

Avec des autocollants

matériel

Éléments autocollants variés dans de petits récipients : timbres, pansements de différentes formes, autocollants, étiquettes, gommettes, motifs en feutrine autocollants… Support : papier, emballage vide, assiette en carton… crayons ou feutres.

Disposez les matériaux à coller dans un récipient et laissez votre enfant les manipuler. Le moment venu, montrez-lui comment les coller sur le support, et assistez-le éventuellement dans cette tâche, avec des gestes lents et en lui laissant une grande marge d'action. Par exemple, décollez simplement un angle de la pellicule d'une gommette et laissez-le ôter le reste tout seul. Lorsque l'intérêt retombe, proposez les crayons ou les feutres et observez la manière dont le tracé dialogue avec les éléments collés : l'enfant essaie-t-il de colorier dessus, d'en faire le tour ?

Coller sans colle !

matériel

Bloc de mousse florale. Brindilles ou tronçons de paille. Marteau en bois (jouet).

Fixer ensemble deux matériaux peut aussi se faire sans colle ! Montrez à votre enfant comment enfoncer dans la mousse des brindilles ou des pailles, à la main ou à l'aide d'un petit marteau. Vous pouvez également proposer des morceaux de ficelle, de ruban ou de dentelle à entortiller entre les brindilles.

lire, ça inspire !

Ma fabrique à images, Delphine Cheldru, Albin Michel Jeunesse, 2008.

Miroir, mon beau miroir…

JEUX de lumière

Dès 3 ans

À l'aide d'un panel d'objets du quotidien, votre enfant va découvrir, par l'observation et l'expérimentation, par le biais de la manipulation, les propriétés des miroirs.

matériel

Collection de miroirs incassables : à main, sur pied, de poche… Trois miroirs rectangulaires. Objets réfléchissants : appareil chromé (grille-pain, bouilloire…), cuillères, feuilles d'aluminium, vitres de fenêtre à hauteur d'enfant, récipient sombre rempli d'eau… Scotch d'électricien. Petits objets : fleurs sèches ou fraîches, petits jouets en plastique coloré, perles, grosses graines…

1 **Disposez** le matériel de manière attractive sur une table basse, et introduisez l'activité en brandissant un miroir : « Je vois mon reflet dans ce miroir. C'est une image de mon visage ! » Invitez votre enfant à manipuler librement les objets mis à sa disposition, et à étudier ses différents reflets.

2 Après cette phase de manipulation libre, demandez à votre enfant de s'asseoir à vos côtés devant la table, et **passez en revue méthodiquement** les accessoires un à un : nommez-les, décrivez-les, parlez de leur usage dans la vie courante. Laissez-lui tout le temps nécessaire pour poursuivre son exploration : encouragez-le à se mirer, à souffler de la buée sur les différentes surfaces…

3 Invitez-le à **orienter les miroirs** dans diverses directions en lui lançant de petits défis : « Peux-tu "capturer" l'image de cette lampe dans ton miroir ? Peux-tu réfléchir la fenêtre, ton pied droit, l'angle de ce mur… ? »

4 **Fabriquez un triptyque :** aidez votre enfant à scotcher ensemble trois miroirs rectangulaires, face réfléchissante tournée vers l'intérieur du prisme obtenu. Posez-le debout, au sol, sur une feuille de papier blanc. Invitez votre enfant à poser de petits objets entre les miroirs et à observer leurs reflets démultipliés.

Conseil
Parlez toujours du reflet comme étant l'image de l'objet et non l'objet lui-même.

Prolongement
Proposez aux enfants plus grands de se mirer pendant qu'ils réalisent leur autoportrait *(voir p. 202, « Autoportrait »)**.*

lire, ça inspire !

Miroir, Suzy Lee, Rouergue, 2009.

Le bain des poupées

• JEUX • d'imitation

Dès 18 mois

Cette activité relaxante développe l'empathie : en prenant soin de leur poupée, les tout-petits se décentrent et commencent à penser aux besoins des autres. Une activité qui ravira les garçons aussi bien que les filles !

matériel

Poupée lavable, couverture de poupée, gant de toilette, serviettes de toilette. Cuvette, savonnette. Facultatif : imagier sur les bébés.

1 **Remplissez la cuvette** d'eau tiède savonneuse à mi-hauteur, et placez-la sur une table basse recouverte d'une serviette éponge. Disposez le savon et le gant de toilette tout autour.

2 Feuilletez avec votre enfant **un imagier sur les bébés**, et évoquez ensemble leurs besoins. Nommez en les montrant les différents objets de puériculture. Jouez ensemble avec sa poupée : nourrissez-la, portez-la, bercez-la, promenez-la en poussette… Abordez ensuite la thématique du bain : « Est-ce que ta poupée a besoin d'un bain ? Comment le sais-tu ? De quoi vas-tu avoir besoin pour la laver ? Est-ce que ta poupée aime l'eau ? »

3 **Montrez votre installation** à votre enfant et laissez-le en prendre possession en l'observant en retrait. Si cela n'entrave pas sa concentration, vous pouvez décrire ses actions et ses intentions, en insistant en particulier sur la responsabilité et l'empathie : « Tu soutiens sa tête pour ne pas qu'elle glisse. » N'hésitez pas à relancer le jeu par des questions s'il s'essouffle : « Est-ce que les cheveux de ta poupée ont besoin d'être lavés ? Comment vas-tu rincer ce savon ? Comment peut-on faire pour que ta poupée n'attrape pas froid ? »

Prolongement
Retrouvez d'autres jeux de poupée p. 15, « Ma poupée, mon bébé ».

Conseil
Il est possible que votre enfant profite de cette activité pour rejouer certaines expériences douloureuses : en versant du savon dans les yeux de sa poupée, en l'immergeant dans l'eau… Si la situation se produit, accueillez ces sentiments négatifs et encouragez votre enfant à les exprimer.

lire, ça inspire !

À quoi tu joues ?, Marie-Sabine Roger, Anne Sol, Sarbacane, 2009.

Séances modelage

Parmi ses nombreux bienfaits, le modelage permet de libérer la créativité de l'enfant, de développer sa motricité, tout en l'apaisant. Le succès de cette activité dès le plus jeune âge réside certainement dans la variété des possibilités qu'elle offre, selon le matériau, les outils et les accessoires proposés.

1. **Choisissez votre matériau du jour**. Vous pouvez opter pour de la pâte à sel, de la pâte à modeler, du sable de lune, de l'argile… Si vous fabriquez votre recette vous-même, enrôlez votre enfant !

2. Proposez-lui cette pâte seule, puis apportez les outils, selon son âge. Si le stade buccal est passé, ajoutez des accessoires : les plus petits les planteront simplement dans la matière, les plus grands s'en serviront pour orner leurs sculptures…

3. Laissez votre enfant explorer librement, avec ou sans outils. Vous pouvez éventuellement protéger la surface de travail d'un set de table. Laissez sécher à l'air libre ou cuisez les œuvres en argile ou en pâte à sel que vous souhaitez conserver.

Conseil
Si elle reste humide, l'argile peut se conserver plusieurs mois à température ambiante. Divisez votre pâton en boules d'un kilogramme environ, et passez-les rapidement sous l'eau courante avant de les déposer mouillées dans des récipients hermétiques.

Quelques idées de matériaux

Outils : *Coupe-papier, brindilles, Cotons-Tiges, roulette à pizza, couteau en plastique, couteau éplucheur, presse-ail, ciseaux crantés en plastique, outils en bois pour modelage. Emporte-pièce, petit rouleau à pâtisserie…*

Accessoires supportant une cuisson au four : *pierres variées (du chemin, d'aquarium…), billes plates, coquillages, boulons, pièces de menue monnaie étrangère…*

Accessoires ne supportant pas la cuisson au four : *bougies d'anniversaire, pailles, plumes, feuilles, bâtonnets de glace, cure-dents, brindilles, yeux mobiles en plastique, perles, pâtes alimentaires sèches, boutons, fleurs fraîches, sèches ou artificielles, chenilles cure-pipe, figurines, petites voitures, graines de courge, clous de girofle, glands, bijoux de pacotille…*

lire, ça inspire !

Mon tout premier livre de modelage, Catherine Nicolas, Fleurus, 2001.

Recette de la pâte à sel

Mélangez un verre de sel fin, un verre de farine. Versez un verre d'eau tiède et malaxez bien jusqu'à obtenir une pâte souple. N'hésitez pas à ajouter un peu d'eau ou de farine, par toute petite quantité à la fois, selon la consistance désirée.

Recette du sable de lune

Mélangez huit doses de farine pour une dose et demie d'huile d'olive. La texture obtenue est magique : elle ne colle pas aux doigts, ne sèche pas, mais glisse comme le sable sec ou se modèle, bien tassée, comme le sable mouillé.

Recette de la pâte à modeler

Voir p. 56, « Apprendre à découper ».

La musique des tout-petits

JEUX musicaux

Dès 3 mois

Les tout-petits sont extraordinairement réceptifs aux sons et aux jeux musicaux auxquels ils ne tardent pas à participer de tout leur être. Chantez et bercez votre bébé le plus souvent possible : vous développerez ainsi ses capacités d'attention et enrichirez considérablement les liens affectifs qui vous lient.

Le son des clochettes

Secouez doucement un bracelet de clochettes à scratch devant votre enfant pour attirer son attention. Laissez-lui le temps d'observer l'objet, puis, lorsque son attention se relâche, attachez-le à son poignet. Observez ses réactions. Cet exercice permet à l'enfant de construire le lien de cause à effet (« Je produis un son dès que je bouge ») et de muscler ses bras en vue des premiers déplacements sur le ventre.

Conseil
Retirez l'instrument s'il devient source de frustration et d'énervement.

Variante
Accrochez quelques clochettes à une peluche que vous suspendrez, à l'aide d'une ficelle, juste au-dessus des pieds de votre bébé. En s'étirant et pédalant, il les fera tinter pour son plus grand plaisir.

Tiens, un instrument !

Les jeux langagiers et sociaux de « **Je te donne, tu me rends** » exercent la préhension, et apprennent à l'enfant à relâcher les muscles de ses mains, très toniques chez les bébés.
En théâtralisant, tendez-lui un petit instrument facile à saisir (maraca légère, petit bâton de pluie...) : « Voici une maraca ». Lorsqu'il a saisi l'objet, tendez-lui votre paume ouverte, pour l'inviter à vous le rendre : « Merci ! » Recommencez tant que durent son plaisir et sa concentration.

Variante
Si vous n'avez pas de miroir, placez-vous face à l'enfant et touchez les différentes parties de son corps en les nommant en chanson – inventez un air sur quelques notes : « Voici ton nez ! Voilà ton pied ! Où est ton bras ? Il est là ! Voici ton bras ! » Touchez ensuite votre propre corps en reprenant la chanson : « Voici mon nez... »

Chant et miroir

Voici un petit jeu corporel qui développe la conscience de soi-même en tant que corps distinct de ceux de l'entourage. Installez votre bébé sur vos genoux, son dos bien calé contre votre ventre, et présentez-lui un miroir. **Chantonnez un petit dialogue** improvisé : « Regarde, c'est ton reflet. Où est ton reflet ? ». Laissez l'enfant toucher la surface du miroir et interagir avec son image. S'il est capable de se tenir assis tout seul, installez-vous à ses côtés face au miroir et chantez-lui une comptine mimée sur les différentes parties du corps.

Lire, ça inspire !

Plouf plouf ce sera toi le grand méchant loup, Denis Cauquetoux, Didier Jeunesse, 2006.

Le petit déménageur

JEUX de cubes

Dès 15 mois

Une fois la marche acquise, les tout-petits connaissent généralement une grande passion pour le transport d'objets, qui leur permet d'affiner leur équilibre, et les (dé-)versements en tout genre, qui leur enseignent les propriétés physiques des objets.

matériel

Cubes en bois de formes et de tailles variées. Assortiment de contenants avec poignées : sacs de courses, paniers, vieux sacs à main, valisettes, gros camions-bennes jouets… Carton pas trop profond, bien ouvert (découpez le couvercle).

1 **Disposez** les contenants variés dans un espace au sol, ainsi que les cubes, et invitez votre enfant à les découvrir. Asseyez-vous à ses côtés, et verbalisez ses découvertes : « Oui, c'est un sac ! C'est un petit cartable. Tu veux mettre quelque chose dedans ? Regardons autour de nous s'il y a quelque chose que tu pourrais mettre dedans… Tu veux essayer de remplir ce panier de cubes ? Oh, c'est lourd ! »

2 **Observez** la manière dont votre enfant manipule le matériel. Le jeune enfant construit bien des savoirs physiques (sur le poids des objets, la place qu'ils occupent) en vidant, remplissant, tirant, portant… Si cela ne brise pas sa concentration, commentez ses expériences : « Tu as mis tous les petits cubes dans ce sac. »

3 Pendant qu'il joue, **posez le grand carton** à l'autre extrémité de l'espace de jeu. Invitez-le à y mettre des cubes, soit en les transportant un à un, soit en vidant un petit contenant rempli au préalable : « Oh, il y a beaucoup de cubes dans ta poussette. On pourrait les vider dans la boîte là-bas, qu'en penses-tu ? Veux-tu que nous essayions, pour voir ce que ça fait ? » Laissez l'enfant manipuler, remplir, vider, éparpiller à sa guise. Parlez-lui des formes qu'il manie : « Tu as pris deux longs pavés, tu les entrechoques ! Tiens, voici une pyramide, et deux petits cubes bleus… Tu as rassemblé des cubes de toutes les formes et de toutes les couleurs ! » Vous pouvez aussi compter les cubes à voix haute quand votre enfant les jette un à un dans un récipient.

4 Enrôlez votre enfant au moment **du rangement**, en l'encourageant à remplir le carton de tout le matériel, cubes et contenant, jusqu'au prochain temps de jeu.

Variante
Avec des enfants plus grands, vous pouvez proposer ce même type de jeu en l'intégrant dans un jeu d'imagination : vous seriez des livreurs de colis, ou des ouvriers travaillant sur un chantier…

lire, ça inspire !

Faut tout ranger !, Jeanne Ashbé, Pastel, 2003.

Empreintes, mode d'emploi

JEUX d'arts

Dès 2 ans

Partez à la chasse d'objets du quotidien pouvant laisser des empreintes originales : outils, jouets, ustensiles réservent bien des surprises en matière de formes et de textures…

1 Choisissez **quelques « outils »** et disposez-les sur un plateau. Votre enfant pourra aussi utiliser ses doigt, main, pied, orteil, coude, genou, lèvre…

2 Recouvrez une table basse d'une grande feuille de papier. **Fabriquez un tampon encreur** en superposant une bonne dizaine de feuilles d'essuie-tout ; déposez-les dans une barquette en plastique et humidifiez-les. Aspergez d'un grand trait de gouache. Renouvelez l'opération si vous souhaitez proposer plusieurs couleurs. Placez les « tampons » ainsi créés sur la table recouverte, à côté des outils. Vous pouvez les fixer à la table à l'aide d'un morceau de gros Scotch replié sur lui-même.

3 Invitez votre enfant **à plonger l'outil** de son choix dans la peinture, puis à le presser, le rouler, le frotter… sur le papier.

Quelques idées d'outils

- *Emporte-pièce, bouchon de liège, bouchon en plastique, cannette, tapette à mouches, boule de papier aluminium, pot de yaourt vide, presse-purée manuel, chiffon, rouleau à pâtisserie, éponge, ficelle, cordelette, ficelle collée autour d'un tube de carton ou d'un petit rouleau à pâtisserie, brosse, petit balai, boîte d'œufs, pipette, fourchette, spatule, entonnoir, gants en caoutchouc, glaçon, couvercle de bocal, rouleau en carton, bâtonnet de glace…*

- *Épis de maïs, œuf dur dans sa coquille, bouquet de plumes, branche de conifère, gland, fleur, fruit (éventuellement coupé en deux), feuille, pomme de pin, coquillage, brindille.*

- *Boule de coton, brosse à cheveux, fleur de douche, loofa, bigoudi, brosse à dents.*

- *Grosse gomme, boule de pâte à sel, chute de carton (éventuellement entortillée dans de la ficelle), feutre sec.*

- *Semelle de chaussure, chaussette remplie de sable, bobine de fil vide, bouton, chute de moquette, pince à linge, boîte, chute de tissu, clefs, boule de papier journal.*

- *Figurine en plastique, petite voiture, balle, cube, domino.*

Variante
Proposez divers tampons maison, fabriqués à partir d'éponges ou de pommes de terre, taillées dans différentes formes. Ou encore une peinture spécial textile pour que votre enfant puisse peindre sur un T-shirt. Voilà une idée de cadeau personnalisé !

Lire, ça inspire !

Mon jardin en hiver, Ruth Brown, Gallimard Jeunesse, 2004.

Œil de lynx

JEUX dehors

Dès 3 ans

La plupart des espaces, y compris les espaces microscopiques (dans le sol, dans l'air, sur notre peau...), abritent des formes de vie fascinantes et inconnues. Incitez votre enfant à se tenir à l'affût des détails offerts par son environnement naturel, pour renforcer son sens de l'observation et sa prise de conscience du monde qui l'entoure.

matériel

Facultatifs : loupe, carnet de note et crayon.

Conseil

Adaptez la difficulté des chasses aux trésors à l'âge de votre enfant et pensez à varier vos zones d'exploration (terre, écorce, eau...).

1 Lors de vos promenades, habituez-vous à regarder les choses et les êtres **de très près**. Commencez par attirer l'attention de votre enfant sur les manifestations naturelles les plus évidentes et les plus affectives : le dessin des pétales d'une fleur, les stries d'un coquillage, les couleurs d'une plume...

2 Organisez « des **chasses aux trésors** » lors de vos promenades pour aiguiser le regard de votre enfant (voir p. 24, « Jeux de piste, mode d'emploi »). Votre petit agent secret saura-t-il dépister dans son environnement : une toile d'araignée ? Une feuille trouée par les mandibules d'une chenille ? La trace encore gluante d'une limace ?

3 Petit à petit, intéressez-vous à **des détails plus subtils** qui n'apparaissent pas au premier regard : les escargots coniques minuscules qui peuplent les mousses, les yeux des petites araignées sauteuses, l'éclat de diamant d'un grain de sable...

4 Lorsque votre enfant est prêt, circonscrivez ensemble **un tout petit espace** (correspondant à la superficie d'une main d'adulte, par exemple). Balisez la zone à l'aide de brindilles plantées dans le sol ou de tracés à la craie, et faites ensemble l'inventaire de toutes les manifestations de vie (animales et végétales) que vous y trouverez. Variez les zones d'exploration : prairie, plage, forêt, pelouse, trottoir, boue, flaque...

5 Observez le plus finement possible. Utilisez une loupe si vous en possédez une. **Que découvrez-vous ?** Encouragez votre enfant à décrire ses trouvailles, à les prendre en note, à comparer les différents écosystèmes rencontrés selon le milieu exploré.

lire, ça inspire !

J'explore le jardin de tout près, Caroline Allaire, Claude Delafosse, Gallimard Jeunesse, 2002.

Ombres chinoises

L'art millénaire des ombres chinoises consiste à interposer des silhouettes dans un faisceau lumineux qui éclaire un écran pour les projeter. Mais elles sont aussi magiques réalisées simplement avec les mains et une lampe de poche.

matériel

Lampe de poche.

1 En théâtralisant, **présentez votre lampe de poche** à votre enfant. Tamisez la lumière de la pièce, et laissez-le manipuler la lampe. Puis attirez son attention sur le cercle lumineux du faisceau projeté sur le mur.

2 Placez votre main devant la lampe de façon à ce que son ombre se découpe dans le cercle lumineux. Agitez votre main lentement. Votre enfant souhaitera certainement faire de même : chargez-vous alors de tenir la lampe pendant qu'il explore l'ombre de sa main. Invitez-le à formuler **sa compréhension du phénomène** : « Pourquoi une partie du cercle de lumière apparaît-elle en noir ? Comment appelle-t-on cette forme noire ? » En fonction de son âge, aidez-le à construire la réflexion selon laquelle l'ombre est créée par la main, qui stoppe une partie des rayons lumineux en s'interposant entre la lampe et le mur.

3 Laissez-lui tout le temps nécessaire pour expérimenter à sa guise, puis lancez-lui de **petits défis** : « L'ombre de ta main peut-elle danser ? Tourner ? Peux-tu faire apparaître l'ombre de tes mains ensemble dans le faisceau ? » Puis : « L'ombre de ta main a la forme d'une main. Mais pourrais-tu lui donner d'autres formes ? Peux-tu lui donner celle d'un canard ? »

Prolongement

Pour réaliser un théâtre d'ombres, reportez-vous p. 54, « Théâtre d'ombres ».

lire, ça inspire !

Les Ombres chinoises, Sophie Collins, Le courrier du livre, 2008.

Voici en images quelques figures à reproduire avec votre enfant :

Le canard

Le lapin

Le chien

L'oiseau

Jeux de piste, variations

JEUX dehors

Dès 3 ans

Les meilleurs jeux de piste sont souvent improvisés et nécessitent peu de temps et de préparation. Pour les grandes sorties du week-end, vous pourrez complexifier le jeu et les énigmes en imaginant de véritables chasses au trésor ! Voici quelques idées pour varier les idées, et les plaisirs.

Conseil
Avant de commencer cette activité, reportez-vous à la p. 24, « Jeux de piste, mode d'emploi ».

- **En promenade.** Si votre enfant fatigue, lancez un petit défi qui saura le motiver : « Trouve une chose qui ne sent pas bon », « Trouve trois choses qui montrent que c'est l'automne », « Trouve deux choses qui sont bonnes à manger pour les humains », etc.

- **Jeu de course.** « Qui sera le premier à rapporter une plume, une pomme de pin, un coquillage… ? », « Qui rapportera la plus grande feuille morte ? La coquille d'escargot avec le plus de stries ? » Évitez cependant ces jeux compétitifs avec des enfants de 4 ans, qui vivent difficilement l'échec.

- **Imaginaire.** « Peux-tu trouver la cape d'une fée, le chapeau d'un elfe ? Une écaille de dragon, un ongle de gnome ? » Solliciter l'imaginaire permet de voir le monde sous un autre angle !

- **Miniature.** Donnez à votre enfant un petit récipient (une alvéole de boîte d'œufs découpée, une boîte d'allumettes vide…) et demandez-lui de récolter des objets pouvant y entrer : une graine, un morceau de verre poli, un gravier, une épine… À l'issue d'un temps imparti, arrêtez-vous pour déployer ce trésor minuscule sur un mouchoir, observer et compter les éléments, les trier par catégories…

- **Logique.** Confiez à votre enfant une boîte de douze œufs vide. Demandez-lui de récolter six objets similaires et six objets différents, et de placer chacun dans une alvéole. À lui d'expliquer ensuite les critères qu'il a retenus en termes de similitude et de différence.

- **Jeu de Kim.** Récoltez une dizaine d'éléments naturels et cachez-les sous un foulard. Montrez un objet à votre enfant pendant quelques secondes, puis cachez-le à nouveau. Saura-t-il retrouver un objet similaire dans son environnement ?

- **Narratif.** Cachez les indices dans des enveloppes que vous disposerez les unes à l'intérieur des autres, chacune contenant ainsi l'énigme suivante. Imaginez un jeu de piste comme une histoire : par exemple, chaque indice peut donner les caractéristiques d'une brindille de bois sec… et la dernière épreuve peut consister à allumer un feu avec les branches récoltées !

La sécurité d'abord !
Enseignez à votre enfant à ne pas collectionner les fleurs sauvages, qui peuvent s'observer sans être arrachées, et à ne pas toucher les baies, potentiellement toxiques. Assurez-vous qu'il se lave les mains après le jeu.

lire, ça inspire !

Les Arbres, Petit guide de poche, Piccolia, 2012.

La chasse aux ombres

JEUX de lumière

Dès 3 ans

Quel est le jouet dont tous les enfants du monde disposent ? L'ombre de leurs corps qui apparaît au moindre rayon de soleil… Voici une activité scientifique qui aiguise le sens de l'observation et permet d'explorer les propriétés de l'ombre.

matériel

Rouleau de papier blanc, feutres.

1. Sortez **en promenade** un jour de grand soleil, en emportant avec vous une large feuille de papier roulée et quelques feutres. Attirez l'attention de votre enfant sur son ombre : « Qui a une ombre ? À quoi ressemble ton ombre ? Peux-tu abandonner ton ombre ? Vois-tu d'autres ombres autour de toi ? », etc. Laissez tout le temps nécessaire à votre enfant pour explorer vos questions.

   Partez **à la chasse aux ombres**. Essayez d'en repérer un maximum, et des plus originales : oiseaux, maisons, arbres, panneaux, vêtements séchant sur un fil… Ressemblent-elles aux objets dont elles sont l'ombre ? Discutez de leurs similitudes et de leurs différences… Attardez-vous sur les ombres mouvantes : passants, animaux, voitures… L'ombre change-t-elle quand les objets bougent ?

2. Montrez à votre enfant comment dérouler le papier au sol, sur une ombre qu'il juge intéressante, et **tracez son contour**. Répétez l'exercice autant de fois que souhaité. De retour à la maison, saurez-vous reconnaître chaque objet à partir de sa silhouette ?

3. Mettez-vous en quête d'**une zone ombrée**. Si on s'y place, que devient son ombre propre ? Pourquoi ?

Variante
Si possible, faites la même promenade familière à différents moments du jour, afin d'observer l'évolution de la taille et de l'orientation des ombres des objets. On peut par exemple tracer le contour d'un objet fixe (tronc, plot…) à la craie, et venir observer, quelques heures plus tard, le déplacement de l'ombre au sol. Encouragez votre enfant à formuler des hypothèses pour expliquer ces changements.

Prolongement
Emportez avec vous un lecteur CD portatif (avec piles) et organisez un jeu de danse dans un emplacement bien ensoleillé : pré, parc, jardin… Encouragez votre enfant à faire bouger son ombre, à chercher à l'allonger, la raccourcir… Stoppez la musique : l'enfant s'immobilise dans une pose qui doit être différente à chaque fois. N'hésitez pas à photographier les ombres de ces statues !

lire, ça inspire !

Tom et son ombre, Zoé Galeron, Henri Galeron, Gallimard Jeunesse, 2006.

Sac à mystère

JEUX de cubes

Dès 4 ans

Voici un jeu de devinettes qui permettra à votre enfant d'approfondir sa connaissance concrète des formes et des dimensions. Saura-t-il retrouver une forme familière sans utiliser la vue ?

matériel

Un sac en tissu, une série de gros cubes de formes simples (cubes, pavés, pyramides, cylindres, sphères…). Prévoyez deux cubes identiques dans chaque famille.

1 Asseyez-vous face à votre enfant sur le sol, et laissez-lui le temps **d'explorer librement** le matériel. Verbalisez les actions effectuées et attirez son attention sur le toucher : « Tu prends la sphère. Elle n'a pas de sommet. Comment est-elle dans ta main ? »

Conseil
L'enfant doit toujours être en situation de réussite. Il s'agit d'un jeu ! S'il puise le mauvais solide, trouvez quelque chose de positif à dire sur son action… et laissez-lui une seconde chance !

2 Présentez ensuite **le sac à mystère**, et introduisez deux cubes différents dedans. Choisissez des formes contrastées : pyramide et demi-sphère, cube et cylindre… Prenez entre vos mains le « jumeau » d'une des pièces que vous avez introduites dans le sac et demandez à votre enfant de retrouver, sans regarder, le cube identique à celui que vous lui montrez.

Variante
Avec les plus jeunes effectuez la mise en paire vous-même, en vous trompant beaucoup : l'enfant adorera vous corriger ! C'est une excellente occasion pour réinvestir le vocabulaire géométrique… et bien rire !
Complexifiez le jeu en introduisant des solides dont les différences de formes sont moins tranchées (cylindre et cône, pyramides à base carrée ou triangulaire, prismes variés…) ou jouez uniquement sur les dimensions, en ne proposant qu'une famille de solides (pavés…) mais de tailles diverses.
Pour corser la difficulté, les deux « jumeaux » peuvent aussi être mis dans le sac, mélangés à d'autres paires : l'enfant n'a plus alors l'objet de référence sous les yeux.
Aux plus grands maîtrisant bien ce jeu, vous pouvez demander de retrouver un solide dont vous annoncerez simplement le nom : « Dans ce sac, parmi d'autres objets, il y a un cylindre ! », voire : « Trouve le seul solide qui possède six sommets, neuf arêtes et cinq faces ! »

3 Si l'enfant a besoin d'aide, **décrivez** l'objet recherché : « Ce solide a une arête courbe et un sommet qui pique : c'est un cône. Est-ce que tu sens dans le sac un cône comme celui-là ? »

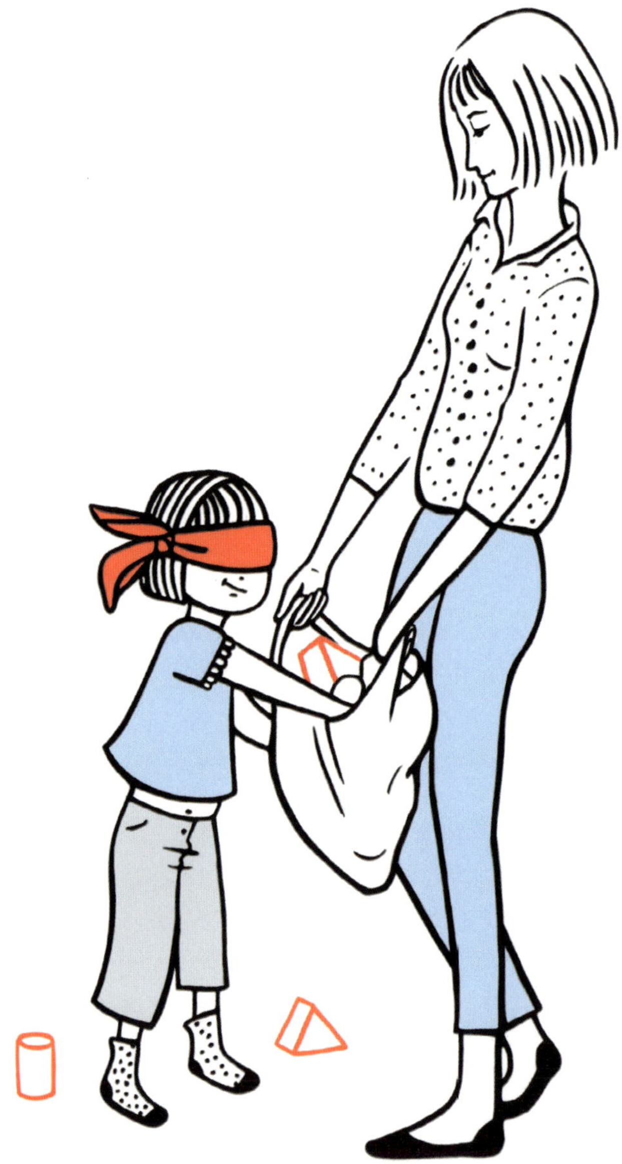

lire, ça inspire !

En formes, Marie Houblon, Tourbillon, coll. Photos des petits, 2004.

Empreintes à bulles

JEUX d'arts

Dès 2 ans

Le papier bulles, avec sa texture transparente et ses petites poches à éclater, fascine les enfants. Récupérez soigneusement ce formidable matériel sensoriel, qui fera aussi une excellente base pour une séance de peinture aux jolis effets.

matériel

Papier bulles, grande feuille de papier (par exemple, papier d'emballage de récupération de couleur neutre). Scotch. Gouache, autant de pinceaux que de couleurs choisies, éponge humide. Récipient stable, pas trop profond.

1. Avant de proposer cette activité, veillez à ce que votre enfant ait eu tout le loisir d'**explorer librement** le papier bulles. Laissez-le éclater à volonté les poches d'air : avec les pieds, s'il manque encore de force dans les doigts, c'est très drôle aussi !

2. **Protégez la table** (de papier journal ou de toile cirée…) si nécessaire. Placez-y un coupon de papier bulles (d'environ 20 cm x 30 cm) et fixez-le avec du Scotch. À droite ou à gauche – selon la main dominante de l'enfant –, placez de la gouache dans un récipient (quatre couleurs aux quatre coins de la palette, par exemple). N'hésitez pas à fixer le récipient à la table à l'aide d'un morceau de Scotch, si vous craignez qu'il ne soit trop léger.

3. Invitez votre enfant **à peindre** au pinceau sur le papier bulles. Encouragez-le à utiliser un maximum de couleurs, à les superposer, à les mélanger ou, au contraire, à réaliser de grands aplats contrastés…

4. Lorsque le papier bulles est recouvert de peinture, montrez à votre enfant comment **appliquer dessus** une grande feuille de papier de couleur neutre – veillez à ce qu'elle soit plus grande que le morceau de papier bulles lui-même. Prenez le temps d'observer et de décrire l'effet obtenu, puis mettez la feuille à sécher.

5. **Recommencez l'opération** avec une nouvelle feuille de papier, jusqu'à ce que l'intérêt retombe. Si les couleurs du papier bulles s'estompent ou virent au brun, essuyez-le d'un coup d'éponge et recommencez l'opération depuis le début.

Variante

Des activités similaires peuvent être proposées avec d'autres matériaux qui, tous, laisseront des traces différentes sur le papier : toile de jute, gazon artificiel, moules à petits muffins ou cannelés en silicone, chutes de contreplaqué, feuilles d'aluminium froissées, paillasson, grillages divers…

lire, ça inspire !

Le Livre des traces et empreintes, David Melbeck, Amandine Labarre, Stéphane Sénégas, Milan Jeunesse, 2009.

Bulles au vent

JEUX musicaux

Dès 4 ans

Souffler des bulles autour de l'enfant qui cherche à les faire éclater avec ses mains et ses pieds est un jeu bien connu, et réalisable avec des tout-petits ! Pour aller plus loin, voici une activité artistique qui mettra l'imagination et la poésie à l'honneur.

matériel

Lecteur CD, disques de musique douce et aérienne. Produit à bulles et anneau pour les souffler. Cerceau.

1. Abordez avec votre enfant **le thème des bulles** : « À quoi ça ressemble, une bulle ? De quoi a-t-on besoin pour en fabriquer ? »

2. Sortez **faire des bulles** – on peut aussi les souffler à l'intérieur. Privilégiez des pièces comme la cuisine ou la salle de bains (dans le bain, c'est très drôle !) si vous craignez de laisser des traces sur vos meubles. Ensemble, jouez, observez et décrivez la manière dont la bulle se forme dans l'anneau, s'en détache, s'envole… Encouragez votre enfant à trouver des mots pour décrire le mouvement de ses bulles.

3. De retour à l'intérieur, **lancez le jeu** sur fond de musique douce : expliquez que vous allez jouer à bouger comme des bulles. Pour aider votre enfant à endosser le rôle, matérialisez la transition avec le cerceau : tenez le cerceau à la verticale, assez bas, de manière à ce que votre enfant puisse passer aisément à travers en l'enjambant. Soufflez devant vous très fort ; pendant ce temps, votre enfant traverse le cerceau. Le voilà transformé en bulle !

4. Laissez votre enfant évoluer à sa guise dans l'espace. Convenez qu'une fois son vol achevé, il « éclate », c'est-à-dire qu'il se laisse **tomber mollement** sur le sol. Recommencez autant de fois que souhaité.

5. Si vous constatez que l'interprétation gestuelle de votre enfant s'enlise, et qu'il ne parvient plus à développer de nouvelles idées de mise en corps, vous pouvez l'aider à **enrichir son jeu** : « Cette fois, tu es la plus grosse bulle du monde, d'accord ? Oh, non, le vent se lève ! Pauvre bulle ! Elle est poussée dans tous les sens ! », etc.

6. Ménagez **un retour au calme** : commencez à parler à mi-voix, et invitez votre enfant à ralentir ses gestes. Le jeu peut se clore par le passage symbolique du cerceau en sens inverse, pour que votre enfant redevienne petit enfant.

Variante
N'hésitez pas à pratiquer cette activité à l'extérieur. Elle sera très agréable à la mi-saison !

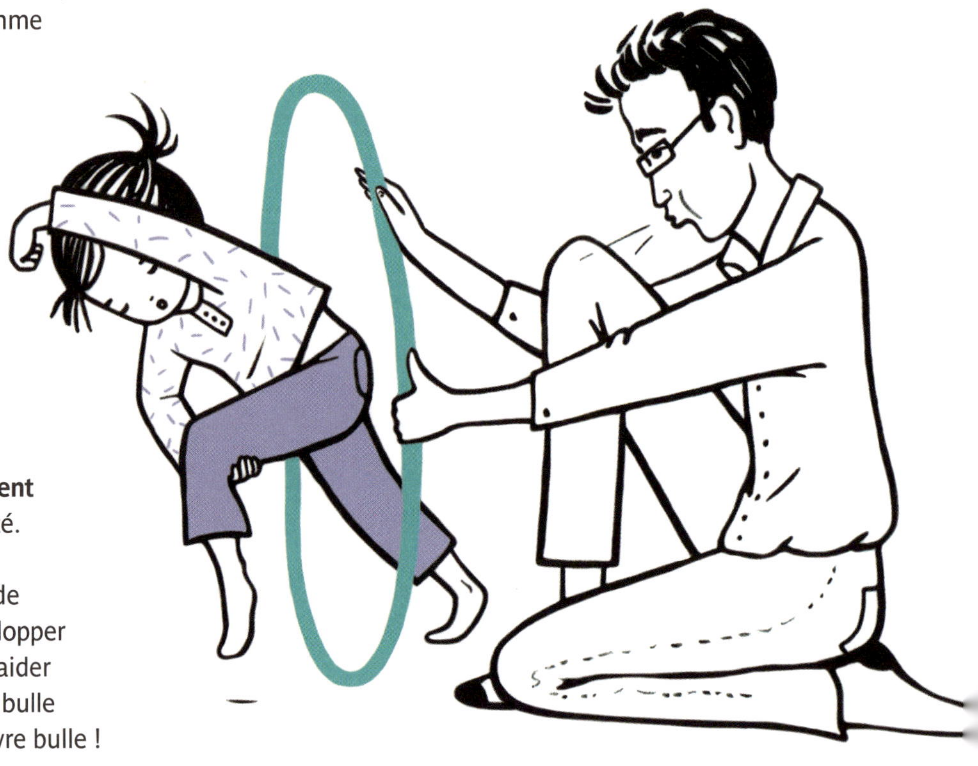

lire, ça inspire !

Bulle, Charlotte Demanie, Justine Brax, La Martinière Jeunesse, 2013.

Au feu, les pompiers !

JEUX d'imitation | **Dès 4 ans**

Surfez sur la fascination de votre enfant pour les pompiers : proposez une séance de jeu qui combinera amusement, prévention et information.

matériel

Panoplie de pompier : casque, veste, bottes en caoutchouc… Grosse cloche, lampe électrique, tuyau d'aspirateur, escabeau (en guise d'échelle). Porteur ou grand carton (pour figurer le camion), volant (ou roue, assiette en carton…). Gros cubes. Téléphone, dînette (aliments, vaisselle), sac de couchage. Étiquettes, cartes routières. Facultatif : appareil photo.

1. Auparavant, **confectionnez quelques accessoires**, avec l'aide de votre enfant : fabriquez des badges et des diplômes de sapeurs-pompiers les plus réalistes possibles.

2. Idéalement, allez **visiter la caserne** la plus proche. Préparez la visite : votre enfant peut réfléchir à quelques questions qu'il aimerait poser, ou dresser une liste de ce qu'il pense voir au centre de secours. N'hésitez pas à prendre des photographies des équipements pour vous inspirer ultérieurement ou décorer les murs de votre future caserne.

3. Regardez ensemble des photographies de divers centres de secours : ils ressemblent souvent à un grand garage, mais les pompiers ont aussi besoin parfois d'y manger et d'y dormir. Laissez votre enfant décider du **type de caserne** qu'il veut créer. S'il éprouve des difficultés à se lancer, guidez-le par des questions ouvertes : « Mmm, je suis un pompier et j'ai beaucoup travaillé ! Je suis fatigué ! Que pourrais-je faire ? Et qu'allons-nous faire en attendant que l'alarme sonne ? » Aidez votre enfant à étiqueter les emplacements et les outils. Encouragez les constructions : les maisons (bientôt incendiées ?) peuvent être construites avec de gros cubes, une couverture… ; le camion peut se constituer de plusieurs gros cartons alignés, etc.

4. **Une fois le jeu lancé**, restez en retrait ou endossez les rôles que votre enfant voudra vous voir jouer.

Conseil
Certains enfants sont effrayés par l'action des pompiers, qu'ils assimilent à une certaine violence. Encouragez-les à parler de leur peur, tout en fournissant les informations utiles pour qu'ils les dépassent.

Prolongement
C'est l'activité idéale pour aborder les règles de sécurité : « Que faire si tu trouves une boîte d'allumettes ? Que faut-il faire si un feu se déclare ? » Apprenez les numéros d'urgence à votre enfant.

lire, ça inspire !

Le Petit pompier, Margaret Wise Brown, Esphyr Slobodkina, Didier jeunesse, 2014.

Bacs sensoriels

JEUX d'éléments

Dès 2 ans

Les bacs sensoriels sont aux bambins ce que les paniers de découverte sont aux bébés. À travers la manipulation, ils permettent aux tout-petits de construire les concepts de nombres, de poids et de taille, de similitudes et de différences.

❶ **Pour limiter le désordre**, placez une bâche sous le bac sensoriel qui couvrira une vaste surface de jeu. Choisissez un large contenant en plastique adapté au nombre d'enfants participant à l'activité. Remplissez-le d'une « base », matériau fluide en grande quantité : graines pour oiseaux, haricots secs ou lentilles, perles d'eau (billes de gel), pois cassés, gros sel, papier en bandes fines, sable… (Voir aussi p. 27, « Les paniers de découverte ».) Réfléchissez ensuite aux outils que vous souhaitez proposer, en fonction de l'habileté de votre enfant : pinces, passoires, cuillères de différentes tailles, louches, épuisettes pour aquarium, arrosoirs, fouet de cuisine, pipettes, poires à jus, boîtes à œufs, pelles, seaux, entonnoirs, petits râteaux… Reste enfin à agrémenter votre bac d'accessoires choisis selon votre thématique.

❷ **Renouvelez** régulièrement le contenu de votre bac sensoriel afin de nourrir l'intérêt. Rangez les différents composants dans des petits sacs afin de les réutiliser ultérieurement ; consacrez une grande boîte au rangement de tous ces petits sachets, éventuellement étiquetés.

❸ **Enrôlez** votre enfant dans le rangement et le nettoyage après l'activité.

Astuce
Pour colorer du riz (ou de la semoule, des pâtes…), versez dessus, par petites quantités, de la gouache en mélangeant bien, jusqu'à obtenir la couleur désirée. Ajoutez un peu d'alcool à 70 °C (1 cuillère à soupe pour 100 g environ), et étalez sur une plaque de cuisson pour laisser sécher.

La sécurité d'abord !
Attention ! Vous seul savez si un matériau est adapté à votre enfant. Soyez particulièrement vigilant pendant le stade buccal : les objets choisis sont-ils potentiellement toxiques s'ils sont portés à la bouche ? Risquent-ils d'être avalés ? Fiez-vous à la connaissance que vous avez de votre enfant et ne le laissez jamais manipuler sans surveillance.

Quelques exemples de bacs sensoriels :

- **Monochrome :** *riz ou pâtes colorés d'une seule couleur (les camaïeux sont admis !). Différents éléments choisis pour leur couleur : pompons, rubans, boutons, cubes, petits jouets, billes chinoises, chenilles cure-pipe, feuilles et fleurs artificielles, plumes, petits bols, pierres, polystyrène, boules de coton, coquillages… Parfumez votre bac à l'aide de quelques gouttes d'huile essentielle ou d'arôme alimentaire : lavande pour un bac violet, menthe pour un bac vert…*
- **Anniversaire** *(format XXL pour les petits invités !) : pâtes colorées multicolores ou confettis. Rubans, nœuds de bolduc, chapeaux d'anniversaire, serpentins, « sans-gênes », sarbacanes, bougies, caissettes à muffins, dînette et cuillères diverses…*
- **Hivernal :** *neige véritable et outils de modelage. Bloc de glace emprisonnant des figurines en plastique. Riz blanc, pompons blancs, boules de coton blanc, billes chinoises blanches… Décorations de sapin et de bûches de Noël, pommes de pin…*

lire, ça inspire !

Les Trésors des couleurs, Delphine Badreddine, Gallimard Jeunesse, 2014.

La mesure de mon ombre

• JEUX • de lumière

Dès 5 ans

Cette activité permet à l'enfant d'exercer quelques compétences mathématiques, en résolvant un problème, en mesurant et en estimant la longueur de son ombre… tout en s'amusant !

matériel

Craies colorées. Facultative : ficelle pour mesurer.

1 Sortez un jour de grand soleil et entreprenez **une chasse aux ombres** (voir. p. 41, « La chasse aux ombres ») : observez les ombres des gens, des arbres, des immeubles, des structures de jeu dans les parcs, des barrières… Encouragez votre enfant à jouer avec son ombre.

2 Invitez-le à faire une pause et asseyez-vous dans un endroit agréable. Échangez un moment sur vos observations, puis : « Je me demande s'il est possible de **mesurer nos ombres**. Comment pourrions-nous faire, à ton avis ? » Laissez votre enfant développer sa réflexion et suggérez-lui, s'il n'en a pas l'idée tout seul, de tracer son ombre au sol : de quels outils va-t-il avoir besoin ? Peut-il se débrouiller ou a-t-il besoin d'aide ?

3 **Fournissez-lui des craies** et proposez-vous d'être son assistant. Laissez-le tâtonner et tracer votre ombre au sol, sur une surface adaptée, avant d'échanger les rôles.

4 Prenez quelques instants pour observer et décrire les silhouettes dessinées au sol. Ensuite : « Comment va-t-on faire pour mesurer nos ombres à présent ? » Encouragez votre enfant à formuler des propositions, et à **tester différentes procédures**. Si votre aide est nécessaire, essayez d'intervenir en posant des questions ouvertes. Vous pouvez l'inciter à comparer la longueur de vos ombres respectives, à trouver autour de lui des bâtons de la même taille… « Combien de pierres peut-on aligner dans ton ombre ? Combien de feuilles comme ceci sont nécessaires pour la remplir ? », etc.

Variante
Si l'activité a lieu dans une zone herbue, vous pouvez dérouler une grande feuille de papier par terre : calez-la avec des cailloux et tracez les contours des ombres au feutre.

Conseil
Les « questions ouvertes » sont des questions auxquelles il n'est pas possible de répondre par « oui » ou par « non ». Elles peuvent commencer par « Que penses-tu de… ? » ou « Comment faire pour… ? »

lire, ça inspire !

Comme un grand, Anouk Ricard, Rouergue, 2000.

Routines en comptines

Rythmer la journée par des chansonnettes permet de sécuriser l'enfant lors des moments de transition et de structurer le temps. Elles instaurent un moment de pause de quelques secondes, qui détend et connecte entre eux les membres de la famille.

matériel

Recueils et disques de comptines. Photos et images variées, reproductions d'œuvres d'art. Plastifieuse ou plastique autocollant pour couvrir les livres.

1. **En amont**, recherchez et mémorisez une courte comptine pour chaque moment de transition de la journée de votre enfant. Utilisez les exemples ci-dessous ou constituez votre propre répertoire. Pour chaque comptine, trouvez une grande image qui l'illustre (d'environ 15 centimètres de côté) et plastifiez-la.

2. **Présentez les comptines** progressivement à votre enfant, en lui montrant l'image en même temps, de manière à ce qu'il les associe dans son esprit. Chantez ou scandez ensemble la première comptine pendant une semaine environ avant d'introduire la deuxième. Accrochez chaque image à sa hauteur de vue, dans un espace adapté : les comptines liées au repas peuvent être accrochées dans la cuisine, celles sur la toilette dans la salle de bains, etc. Votre enfant saura très vite vous les réclamer en vous montrant les images.

• Pour se saluer •

(L'adulte est accroupi devant l'enfant,
lui tient la main et le regarde dans les yeux)

Bonjour, bonjour,
Bonjour [prénom de l'enfant] et bienvenue,
Bonjour, bonjour !
Nous sommes heureux de nous retrouver,
Nous sommes heureux de chanter !

• Pour ranger •

(Sur l'air de Frère Jacques)

On a bien joué, on a bien joué,
Les amis, les amis,
C'est l'heure de ranger ! C'est l'heure de ranger !
Tout de suite ! Tout de suite !

• Pour annoncer le repas •

Mon p'tit ventre, réjouis-toi :
Tout ce que je mange, tout ce que je mange,
Mon p'tit ventre, réjouis-toi :
Tout ce que je mange, c'est pour toi !
À table !

• Pour se quitter •

Un bisou sur ta joue
Une fleur pour ton cœur
Un câlin pour ta main
Un baiser sur ton nez
Un sourire pour te dire :
À demain !

lire, ça inspire !

Petites comptines pour grands tableaux, Virginie Aladjidi, Palette, 2009.

Ménage de printemps

JEUX d'imitation

Dès 2 ans

Les enfants adorent imiter les gestes du quotidien, et sont très attirés par les activités ménagères – lesquelles développent leur motricité, leur concentration et leur autonomie. Cette activité invite l'imagination à se joindre au jeu.

matériel

Nécessaire ménager : éponges, torchons, chiffons à poussière, petites brosses, petites cuvettes… Flacons de « produit ». Tabliers, gants, serviette de toilette.

1. Abordez avec votre enfant le sujet **du ménage** : peut-il lister quelques tâches qu'il est à même de réaliser pour vous aider ? Montrez-lui quelques instruments ménagers, laissez-le les manipuler et aidez-le à les nommer. À quoi servent-ils ? Apportez si nécessaire les verbes d'action correspondants : laver, frotter, balayer, épousseter, polir…

2. **Laissez le nécessaire ménager à disposition** de votre enfant, dans sa chambre, et observez comment il l'intègre à ses jeux. Commentez ses actions : « Tu t'appliques pour nettoyer ta cuisine. » Posez des questions pour nourrir la conversation : « Tu aimes épousseter ! Qu'est-ce que tu pourrais épousseter, encore ? »

3. **Proposez de l'eau et du savon :** un autre jour, proposez à votre enfant une petite cuvette remplie à demi d'eau tiède savonneuse. Posez-la sur une serviette de toilette, qui absorbera les éclaboussures. Vous pouvez par exemple suggérer à votre enfant d'y laver les vêtements de sa poupée (voir aussi p. 122, « Jour de lessive »).

4. **Le grand ménage :** un beau jour de printemps, autorisez votre enfant à laver ce qu'il voudra pour de vrai. Installez-vous dehors si nécessaire.

Conseil

En aucun cas l'efficacité n'est ici visée. Le ménage ne sera pas fait réellement après l'activité de votre enfant, et il se peut fort que vous ayez, au contraire, un surcroît de travail en matière de remise en ordre. Le savoir vous aidera à rester décontracté pendant l'activité… et à l'encadrer efficacement pour limiter les dégâts tout en ménageant le plaisir !

La sécurité d'abord !

Soyez vigilant vis-à-vis des produits ménagers du commerce, pour la plupart extrêmement toxiques. Redoublez d'attention si votre enfant n'a pas dépassé le stade buccal : un simple mélange d'eau et de colorant naturel peut être utilisé… Ça lave aussi !

lire, ça inspire !

Messieurs Propres, Christine Destour, Rouergue, 2014.

Question d'équilibre

• JEUX • de cubes

Dès 4 ans

Les cubes se prêtent merveilleusement aux premières manipulations d'une balance type Roberval, et permettent observations, comparaisons et prédictions.

matériel

Cubes variés. Balance de Roberval.

1 Profitez d'un moment où votre enfant joue avec ses cubes pour lui apporter la balance : « Voici un objet que tu aimeras peut-être **utiliser avec tes cubes** aujourd'hui : c'est une balance. Je te la laisse, je reviendrai la chercher plus tard. » Écartez-vous pour observer les manipulations de votre enfant : place-t-il des cubes sur les plateaux ? Comment réagit-il lorsque la balance s'incline d'un côté ?

2 Revenez vous placer à côté de votre enfant lorsqu'il semble avoir fait le tour de l'outil : « J'ai remarqué que tu jouais avec la balance. **Tu m'expliques comment ça marche ?** Qu'est-ce que tu as fait avec ? » Laissez tout le temps nécessaire à votre enfant pour reproduire ses expériences et les commenter.

Prolongement

Lorsque le principe est acquis, invitez votre enfant à faire des prédictions : « À ton avis, combien faudra-t-il de petits cubes pour obtenir le poids de ce gros cube-là ? » Laissez-lui tout le temps nécessaire pour réfléchir, soupeser, comparer avant de procéder à la vérification. Plus tard, récoltez ensemble de petits objets qu'il s'agira de peser à l'aide des cubes : petites poupées, figurines… Encouragez-le toujours à prédire le résultat de sa pesée – sans insister aucunement en cas d'erreur : toutes les prédictions sont « justes » en tant que telles, il ne s'agit pas de gagner quoi que ce soit, mais de vérifier et d'affiner ses pronostics.

3 **Expliquez-lui** qu'il s'agit d'une balance de Roberval et qu'on s'en sert pour connaître le poids des choses. Invitez-le à poser un gros cube sur l'un des plateaux : « Regarde, ce plateau est tout en haut, et celui-ci est tout en bas. Ce plateau-là pèse plus lourd, c'est pour cela qu'il descend. Je me demande ce qu'on pourrait poser sur l'autre plateau pour essayer de le faire bouger ? » Suggérez si nécessaire à votre enfant d'y placer le ou les cubes de son choix. Continuez l'exploration en pointant du doigt, à chaque essai, chacun des plateaux : « Celui-ci descend, c'est le plus lourd. Tiens, les plateaux sont équilibrés, il y a le même poids des deux côtés », etc.

lire, ça inspire !

Bascule, Yuichi Kimura, Koshiro Hata, Didier Jeunesse, 2005.

La science sur un plateau

En stimulant la curiosité spontanée de votre enfant pour son environnement naturel, vous l'aidez à aiguiser sa compréhension du monde physique. Les deux activités suivantes, à travers la manipulation d'objets quotidiens, permettent la formulation d'hypothèses et leur vérification.

Coule ou flotte ?

matériel

Aquarium ou récipient large, profond et transparent. Divers objets de récupération : élastiques en caoutchouc, petites bouteilles en plastique vides, fruits et légumes, brindilles, billes, trombones, crayons, cailloux, pierre ponce, plombs de pêche, piécettes… Deux petites corbeilles étiquetées « Coule » et « Flotte » (les mots peuvent être remplacés par des dessins pour les enfants non lecteurs).

Lisez un album sur la flottabilité adapté à l'âge de votre enfant. Disposez les éléments collectés de manière attractive, de part et d'autre de l'aquarium et des corbeilles étiquetées. « Sais-tu si certains de ces objets coulent ? Lesquels flotteraient si on les posait sur l'eau ? » L'enfant effectue un premier tri *a priori* dans les corbeilles, et vérifie ensuite ses hypothèses en plongeant chaque objet dans l'aquarium.

Prolongement
L'enfant peut réaliser un dessin de son expérience. Utilisez une piscine gonflable pour tester des objets volumineux. Construisez ensemble des bateaux d'argile et d'aluminium et mesurez le temps qu'ils mettent à couler. Quels sont les matériaux et les techniques les plus efficaces ? (voir p. 95, « Bateaux sur l'eau »).

Magnétique ou amagnétique ?

matériel

Aimant. Objets de récupération : trombones, petites cuillères, crayons, Lego, clefs, chutes de papier… Deux petites corbeilles étiquetées « Magnétique » et « Amagnétique » (les mots peuvent être remplacés par des dessins pour les enfants non lecteurs).

Collectez les objets avec votre enfant. Disposez les éléments choisis de manière attrayante, de part et d'autre de l'aimant et des corbeilles étiquetées. « Sais-tu que certains objets sont magnétiques ? Cela signifie qu'ils sont attirés par un aimant. À ton avis, quels sont les objets qui se colleront à l'aimant ? » L'enfant effectue un premier tri *a priori* dans les corbeilles, et vérifie ensuite ses hypothèses à l'aide de l'aimant.

lire, ça inspire !

Ça coule ou ça flotte ? Plouf !, Olivia Cosneau, Tourbillon, 2013.
Le grand livre des expériences, Ian Graham, Gallimard Jeunesse, 2012.

Théâtre d'ombres

Le théâtre d'ombre est une valeur sûre pour émerveiller les enfants - mais aussi leurs parents - et donner vie à des mondes féeriques.

matériel

Boîte à chaussures solide, papier calque ou de soie blanche. Scotch, pistolet à colle, cutter. Piques à brochettes, ciseaux, papier Canson noir, crayon à papier. Livres de contes, de récits mythiques et historiques. Lampe de bureau.

1 **Au préalable**, fabriquez le théâtre d'ombres avec l'aide de votre enfant. Évider le fond de la boîte en conservant un cadre de carton pour plus de solidité. Tendez devant cet « écran » une feuille de papier calque ou de soie blanche que vous scotcherez solidement sur les faces de la boîte.

2 Constituez **une petite bibliothèque** composée d'albums de contes traditionnels, de grands mythes (celtiques, grecs...) et de récits historiques, mettant en scène des personnages emblématiques. Fabriquez des marionnettes en vous inspirant des personnages favoris de votre enfant et des héros récurrents de ces histoires. Si vous manquez de temps, imaginez des figures suffisamment épurées pour pouvoir jouer plusieurs rôles : Hercule peut devenir un ogre ou un Viking selon les besoins du jour !

3 **Dessinez les personnages** au crayon sur papier noir, puis découpez-les et fixez-les, avec le pistolet à colle, au bout des piques à brochette. Laissez s'exprimer votre créativité : vous pouvez aussi fabriquer des marionnettes en Cellophane translucide, ou coller ensemble des coquillages ou de petits jouets... Utilisez des bribes de dentelle ou des fils pour les vêtements ou les cheveux, des boutons pour les visages, créez des « marionnettes-décor » (maison, tour, bateau...) avec des formes en plastique fixées sur les piques à brochettes... N'hésitez pas à enrôler votre enfant dans ces fabrications.

Variante
Ces marionnettes peuvent être utilisées avec un vidéoprojecteur, en plaçant les personnages entre la lampe et l'écran. Vous pouvez aussi composer des histoires « à plat », sur table lumineuse, en ajoutant coupons de feutrine, morceaux de verre polis, billes chinoises, bâtonnets de glace, végétaux...

4 **Jouez !** Pensez à mettre en musique vos petits spectacles, en y incluant des chansons interprétées par votre enfant.

5 Enrichissez votre collection de grandes histoires par **ses récits inventés**, et illustrez-les avec des photos de ses mises en scène. Prenez ses récits en note pour les légender ou, au contraire ne les légendez pas afin que ces scénarios « ouverts » soient racontés différemment par l'enfant, à chaque lecture.

Prolongement
Si vous disposez d'un carton suffisamment grand, vous pouvez fabriquer un théâtre d'ombres à la taille de votre enfant, dont vous prendrez les poses en photo.

lire, ça inspire !

Histoires d'ombres, Coco d'en haut, 2013.

Apprendre à découper

JEUX d'arts

Dès 2 ans

Dès que votre enfant s'intéresse aux ciseaux, vous pouvez l'initier au maniement de cet outil complexe, tout en gardant à l'esprit qu'il s'agit d'une compétence difficile : plusieurs gestes sont à maîtriser de front (position des mains, force musculaire pour ouvrir et fermer les lames, positionnement perpendiculaire au support à découper...). La situation suivante, très ludique, permet d'isoler les difficultés.

matériel

Pâte à modeler, ciseaux à bouts ronds.

1. Placez la pâte à modeler et les ciseaux sur une table basse, et faites **asseoir confortablement** votre enfant sur une chaise adaptée à sa taille.

2. Laissez-le **explorer librement** : frapper la boule de pâte avec les ciseaux fermés, la scier comme avec un couteau, couper des morceaux arrachés... Pendant que vous observez en verbalisant ses actions, façonnez des boudins de pâte à modeler, que vous présenterez à votre enfant, sous forme de jeu, comme étant de gros serpents sifflants.

3. Encouragez-le à **couper** les boudins de pâte en petits morceaux. Au début, il vous faudra l'aider en tenant les serpents par leurs extrémités, jusqu'à ce qu'il puisse se charger de cette opération tout seul.

Recette de la pâte à modeler

Dans une casserole, mélangez : 200 g de farine, 200 g de sel fin, 50 g de crème de tartre, 2 cuillères à soupe d'huile, 300 ml d'eau, 6 ml de colorant alimentaire. Chauffez à feu doux en remuant constamment. Au bout de quelques minutes, la texture devient très difficile à manier. Touchez du bout du doigt : si la pâte ne colle pas, transférez-la sur votre plan de travail et pétrissez jusqu'à ce que la couleur soit bien homogène. Conservez 9 mois dans un sachet hermétique.

Conseil

Il est possible que votre enfant, tout à son expérimentation libre, ne s'intéresse pas tout de suite au fait de découper les boudins en morceaux. Respectez toujours son rythme, et proposez-lui, sur plusieurs jours, l'activité autant de fois que nécessaire. À l'inverse, lorsqu'un enfant maîtrise la gestuelle, on ne peut généralement plus l'arrêter !

lire, ça inspire !

L'Autre Album de photos à dessiner, découper, colorier, Pascale Estellon, Panama, 2008.

C'est moi la maîtresse !

• JEUX • d'imitation

Dès 4 ans

Lorsqu'il endosse le rôle de l'enseignant, l'enfant formule ses savoirs, en prend conscience, les met en relation… et progresse. Tel apprend qui croyait enseigner !

matériel

Alphabets mobiles et chiffres manipulables : chiffres magnétiques, cubes alphabet, puzzle alphabet, chiffres en mousse, lettres rugueuses, chiffres détourés en feutrine, en bois, en carton… Affiches relatives aux chiffres et aux lettres. Livres à compter et abécédaires. Livres documentaires et de fiction. Calendriers variés. Petites chaises, petit bureau, petit tableau noir et craies et/ou tableau blanc et feutres effaçables à sec. Papier, trousses, crayons à papier, gommes, stylos, règles, ciseaux.

❶ Auparavant, fabriquez des relevés de présence sur lesquels votre enfant « écrira » le nom de tous ses « élèves ». **Aménagez un espace**, dans la chambre de votre enfant, de manière à ce qu'il ressemble à une salle de classe : disposez quelques petites tables et des petites chaises (on peut les fabriquer à l'aide de gros cubes ou de cartons évidés) autour d'un tableau. Disposez le matériel à manipuler de manière attractive sur les tables.

❷ Observez la manière dont votre enfant **interagit avec le matériel**. Prend-il spontanément le rôle de l'enseignant, de l'élève ? Suggérez-lui d'utiliser ses poupées ou ses peluches pour peupler sa classe et n'hésitez pas à endosser vous-même un rôle – votre enfant adorera jouer votre professeur. Proposez d'échanger les rôles de temps en temps, mais n'insistez pas si votre enfant refuse. Faites semblant d'écrire, de compter…

❸ Ayez toujours sur l'école **un discours positif** : il est important pour l'enfant de sentir une connivence entre ses éducateurs. Ce type de jeu d'imitation est aussi une occasion d'aborder son expérience vécue en classe : « Qu'as-tu appris à l'école aujourd'hui ? Nous pourrions l'enseigner à tes peluches ce soir ! Que fait ton maître ou ta maîtresse ? Qu'est-ce que tu préfères à l'école ? » Privilégiez les questions ouvertes, mais ne vous formalisez pas si votre enfant refuse d'y répondre. Il a peut-être besoin de conserver un jardin secret… Néanmoins, son jeu vous en dira long sur les habitudes de sa classe !

Prolongement

Fabriquez un abécédaire personnel : écrivez ou imprimez chaque lettre de l'alphabet sur une feuille de papier distincte, et placez-les toutes dans un porte-revues. Demandez à votre enfant de trouver des objets commençant par la lettre : A, comme « ananas », C comme « carotte », E comme « Europe », etc. Entamez une grande collection d'images, que votre enfant découpera et collera à la bonne page, autour de la lettre correspondante.

lire, ça inspire !

L'École de Léon, Serge Bloch, Albin Michel Jeunesse, 2010.

Sculptures étincelantes

• JEUX • de cubes

Dès 3 ans

Voici une activité parfaite pour les jours gris, qui mêle jeux de cubes et jeux de lumière : en habillant ses cubes de papier d'aluminium, l'enfant crée non seulement des édifices, mais aussi des reflets et des ombres...

matériel

Gros cubes en bois, rouleau de papier aluminium, lampe de poche.

1 Montrez à votre enfant le **papier aluminium** et laissez-le en manipuler une feuille. Sait-il comment cela s'appelle ? À quoi cela ressemble-t-il ? Aidez votre enfant à verbaliser le fait que le papier change de forme quand on le malaxe, observez avec lui son aspect froissé lorsqu'on le déplie.

2 Fournissez-lui une feuille de papier aluminium et invitez-le à en **recouvrir un de ses cubes**. Montrez-lui comment faire si nécessaire et laissez-le répéter cette opération sur autant de cubes qu'il le souhaite. Aidez-le s'il se fatigue afin d'obtenir un nombre de cubes suffisant aux constructions ultérieures.

3 Engagez-le ensuite **à construire** quelque chose avec les cubes étincelants qu'il vient de fabriquer – peut-être ce nouvel aspect influencera-t-il sa manière habituelle de bâtir.

4 Lorsque les constructions sont achevées, donnez-lui une lampe de poche et éteignez la lumière. **Laissez-le éclairer ses édifices**, et attirez son attention sur la manière dont la lumière se reflète sur l'aluminium, et sur les ombres des constructions qui se projettent sur le sol ou sur le mur.

Prolongement

Fixez un morceau de plastique translucide coloré (morceau d'intercalaire ou papier de bonbon) sur le faisceau de la lampe à l'aide d'un élastique et invitez votre enfant à observer ses constructions étincelantes à travers ces filtres colorés. Invitez-le à superposer les couleurs pour observer les mélanges entre elles et les effets produits sur les constructions. Avec des enfants plus grands, ces jeux de lumière peuvent servir de base pour l'ambiance d'un petit spectacle, écrit par l'enfant lui-même, et dont les constructions planteront le décor.

lire, ça inspire !

C'est magique !, Hervé Tullet, Seuil, 2003.

Tout à coller !

• JEUX • d'arts

Dès 2 ans

Récolter et collectionner des matériaux à coller est très amusant pour tout le monde. Regardez autour de vous et choisissez des matières variées attrayantes. Voici une liste dans laquelle puiser les jours où vous manquerez d'inspiration.

Recette de colle écologique

Mélangez un demi-verre de farine à un verre d'eau. Ajoutez une cuillère à soupe de sucre et chauffez à feu doux jusqu'à épaississement en remuant constamment pour éviter les grumeaux. La colle se conserve deux jours au réfrigérateur dans un récipient hermétique.

1 Utilisez de la colle blanche ou de la colle faite maison.

2 Afin de les utiliser comme **supports, procurez** à votre enfant : branches, bois flotté, gros os, bouteilles, boîtes en carton, boîtes d'œufs, seaux, bougies, boîtes de conserve, œufs de Pâques, bocaux, cadres…

La sécurité d'abord !
Adaptez les matériaux en fonction de l'âge de votre enfant et ne le laissez jamais les manipuler sans surveillance.

Quelques éléments à coller :

- *Glands, grosses graines, feuilles, fleurs séchées, fleurs fraîches, fleurs en plastique ou en tissu, herbes sèches, plumes, mousse sèche, écorce d'orange séchée, pommes de pin, aiguilles de pin, coquillages, brindilles, paille…*
- *Papier aluminium, papier buvard, papier de bonbons, papier Cellophane, papier Canson, papier calque, papier crépon, papier cadeaux, papier journal, papier à origami, papier de verre, papier peint…*
- *Chutes de carton, rouleaux essuie-tout vides, morceaux d'éponges, morceaux de toile cirée, filtres à café, pailles, emballages alimentaires de toute sorte, barquette alimentaire, caissettes en papier, verres en carton, anneaux de cannette…*
- *Confettis, cartes postales, petits objets ou images plastifiés.*
- *Chutes de bois léger (type balsa), tiges de bambou coupées en rondelles, écorces, osier, morceaux de liège, aggloméré léger, sciure, petits carreaux de mosaïque.*
- *Paillettes, bâtonnets de glace, morceaux de gomme, perles, trombones, épingles parisiennes, raphia, cure-pipe, formes en mousse, enveloppes, tampons cassés, craies cassées.*
- *Boutons, rubans, serpentine, cordes, cordelettes, chutes de moquette, élastiques, coton à broder, fil, garnitures de chapeaux, dentelle, morceaux de moustiquaire, lacets, fermetures Éclair.*
- *Chutes de tissu : jute, feutrine, voile, velours, fausse fourrure, gaze, soie…*
- *Boules ou disques de coton, Cotons-Tiges, limes à ongles en carton, peignes cassés, bijoux de pacotille, chaînettes, accessoires pour cheveux.*
- *Bouchons, pinces à linge, menue monnaie étrangère, petits graviers pour aquarium, chutes de linoléum.*
- *Morceaux de chambre à air, morceaux de tuyaux, morceaux de grillage souple, clefs, petite quincaillerie : rondelles, boulons, chevilles…*
- *Jouets cassés, pions, dominos dépareillés, film de vieilles cassettes audio ou vidéo.*
- *Scotch de toute sorte, morceaux de papier adhésif décoratif, sparadraps, étiquettes, œillets autocollants pour feuilles de copie.*

lire, ça inspire !

Dessine avec des collages, Godeleine de Rosamel, Casterman, 2002.

Moulage d'empreintes

Les empreintes d'animaux sont plus aisément identifiables en hiver et au début du printemps : elles s'impriment aisément dans le sol boueux et ne sont pas cachées par la végétation, rare à cette époque. Partez en chasse au crépuscule pour augmenter vos chances d'en découvrir !

matériel

Couvercle de camembert évidé, de manière à obtenir un anneau fermé rigide (ou d'autres types de boîtes, selon la forme et la taille du moulage souhaité). Boîte en plastique, gobelet, gourde remplie d'eau. Plâtre de Paris en poudre. Bâton. Papier journal, vieille brosse à dents.

La sécurité d'abord !
Avant de manipuler la boue, veillez à ce que les plaies éventuelles sur les mains de votre enfant soient protégées d'un pansement. Assurez-vous qu'il se lave soigneusement les mains après l'exploration.

1 Repérez, lors de vos promenades, **un endroit argileux particulièrement boueux**. Prenez le temps, au fil des jours, d'observer les variations de consistance de la boue et les paramètres qui l'influencent : humidité, vent... Apprenez à prédire les jours où la boue aura la bonne consistance pour cette activité (ni trop molle, ni trop sèche) et visitez régulièrement ce lieu pour traquer les empreintes laissées par les animaux (chien, canard, mulot...), mais aussi les hommes (semelles, roues de vélo ou de tracteur...).

2 Montrez à votre enfant comment **placer l'anneau en carton autour de l'empreinte** sélectionnée et enfoncez-le dans le sol avec des gestes doux, pour obtenir un cadre.

3 Aidez votre enfant à **fabriquer le plâtre** : à utiliser le gobelet pour doser une mesure d'eau à verser dans la boîte en plastique. Saupoudrez ensuite la surface de l'eau d'environ deux mesures d'eau, et stoppez lorsque le plâtre affleure à la surface. Mélangez à l'aide d'un bâton propre ; la consistance doit être épaisse et crémeuse.

4 Versez délicatement le plâtre dans le cadre de carton sur une épaisseur d'environ 3 cm. Laissez sécher une demi-heure, puis détachez avec précaution. Enveloppez le moulage dans une feuille de papier journal pour le rapporter chez vous, et le mettre à sécher. Au bout de deux heures, le plâtre est suffisamment sec pour être débarrassé de la boue : montrez alors à votre enfant comment le nettoyer à l'aide d'une vieille brosse à dents. L'empreinte apparaît !

Variante
Si vous ne trouvez pas d'empreintes animalières à mouler, réalisez un moulage de vos mains ou de vos pieds imprimés dans la boue Vous pouvez aussi réaliser des empreintes avec des objets naturels : coquilles ou coquillages, écorces, pommes de pin, feuilles...

lire, ça inspire !

Guide des traces d'animaux : les indices de présence de la faune sauvage, Preben Dahlstrom, Preben Bang, Delachaux et Niestlé, 2009.

Construire en grand

JEUX d'éléments

Dès 4 ans

Les enfants apprennent à travers l'action et le mouvement. L'activité suivante encourage les interactions, la motricité fine et globale, la dextérité et le sens spatial, ainsi que les constructions monumentales, sources de grande motivation pour les jeunes enfants !

matériel

Matériaux de récupération attrayants (liste non exhaustive !) : rouleaux de carton fort (du type de ceux qui enveloppent les posters), rouleaux d'essuie-tout vides, bobines et rouleaux de Scotch vides et pleins ; nattes de plage en jonc, nattes en bambou pour sushis ; boîtes en carton, en osier ; caisses et cagettes ; chutes de menuiserie (planchettes, tasseaux, liège) ; grosses boîtes en fer blanc (type lait maternisé) vides et propres ; morceaux de tuyaux d'arrosage translucides ; chutes de grillage souple ou de filets ; formes colorées découpées dans des intercalaires en plastique ; feuilles de papier aluminium ; ficelle, papier, rubans ; vieux CD ; récipients de toutes tailles, transparents ou non ; grands miroirs acryliques, guirlandes de Noël, électrique ou non…

1 Pour pouvoir s'engager dans **un processus de construction créatif**, votre enfant aura besoin :

- **D'un espace consacré** : improvisez un mini-atelier dans un coin du salon ou dans sa chambre. Les éléments peuvent trouver place sur une table basse, sur laquelle ils seront disposés de manière attractive. Dégagez également un large espace au sol, même si cela suppose de pousser un peu les meubles de façon provisoire. Encouragez-le ensuite à construire un édifice de son choix, imaginaire, ou réaliste.
- **De temps** : n'hésitez pas à laisser en place cette invitation durant plusieurs jours, quitte à faire varier les éléments proposés pour relancer l'intérêt. Essayez de ne pas interrompre un enfant actif au milieu de sa tâche, de manière à lui permettre d'aller au bout de son idée.

Variante
Il peut être intéressant de proposer cette activité à l'extérieur. Choisissez alors des matériaux qui ne craignent pas l'humidité.

Prolongement
Cette activité peut déboucher aisément sur une situation langagière : photographiez votre enfant en action, et réalisez ensuite un album maison de ses compétences, qu'il légendera lui-même : « Je porte le tube pour le poser au sommet », « Je fixe le miroir avec de la ficelle », etc.

2 Si votre enfant hésite à se lancer, vous pouvez nourrir son inspiration en observant ensemble un recueil d'**architecture**. Vous pouvez également décider de composer vous-même votre répertoire d'œuvres monumentales en prenant des photographies du patrimoine de votre région.

3 Encouragez-le à construire **verticalement** : procurez-lui un petit escabeau, évoquez ensemble les risques et les méthodes pour faire tenir les édifices.

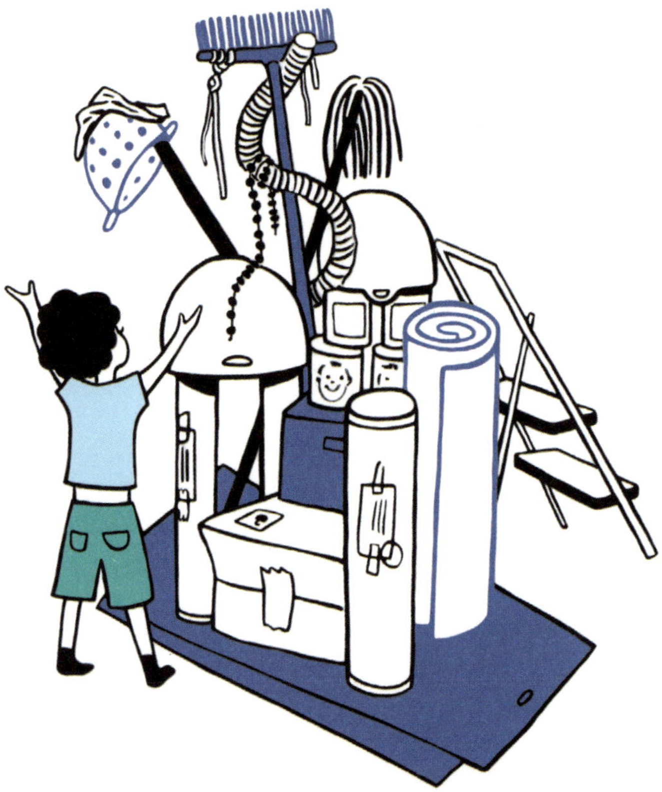

lire, ça inspire !

Les Sept merveilles du monde antique et les autres, Sandrine Mirza, Reno Marca, Milan, 2009.

Circulez !

JEUX d'imitation

Dès 5 ans

Cette activité très fédératrice est idéale pour jouer en famille, apprendre les premières règles de civilité et prendre un bon bol d'air ! À consommer sans modération !

matériel

Porteurs divers, gros camions, tricycles, tracteurs à pédales… Gilets jaunes de sécurité, badges de police en carton, casque de chantier taille enfant… Carton léger, crayons, feutres, craies, Scotch, colle. Bâtons.

1. Organisez **une promenade dans le voisinage** pour observer la circulation routière de votre quartier. Attirez l'attention de votre enfant sur le marquage au sol, les panneaux, les feux… N'hésitez pas à planifier la sortie de manière à lui montrer un chantier de construction, un agent de circulation… Tout en marchant, échangez sur vos observations : « Quel genre de signes as-tu vus ? À quoi ressemblent-ils ? Comment les utilise-t-on et pourquoi ? Qui travaille sur les routes ? En quoi est-ce un métier important ? »

2. De retour à la maison, proposez : **« Si on jouait à la circulation routière ?** De quoi aurons-nous besoin, alors ? » Si votre enfant le souhaite, il peut, avec votre aide, fabriquer lui-même des panneaux de signalisation et des pancartes (fixez-les sur des bâtons que vous planterez dans le sol), des képis, des badges, en dessinant sur du carton léger.

3. Sortez au jardin pour **installer le site**. Encouragez votre enfant à prendre les décisions : « Où souhaites-tu faire passer les routes, et quelle forme auront-elles ? » Aidez-le à les tracer à la craie et à placer les panneaux aux endroits stratégiques.

4. C'est le moment d'inviter les petits voisins, ou de solliciter toute la famille **pour jouer** ! Laissez chacun choisir son rôle (conducteur, agent, piéton…) et en changer en fonction des véhicules disponibles. Un arbitrage de l'adulte sera peut-être nécessaire pour éviter les conflits. N'hésitez pas à endosser vous-même un rôle (« Pardon, Monsieur l'Agent, pourriez-vous m'indiquer l'arrêt de bus le plus proche s'il vous plaît ? »).

Prolongement

Profitez de cette activité pour inculquer aux enfants les rudiments du code de la route : les piétons regardent des deux côtés avant de traverser, les automobilistes attachent leur ceinture…

lire, ça inspire !

Explique-moi l'insécurité routière, Anne-Marie Balendois, Marie-Marthe Collin, Nane éditions, 2006.

La nuit dans ma chambre

Entre le jeu d'imitation et le jeu de lumière, voici une activité qui nourrira le rêve et l'imaginaire tout en stimulant l'observation scientifique.

matériel

Table. Vieilles couvertures. Lampe de poche. Papier Canson de couleurs sombres (noir, violet et bleu marine), papier aluminium, colle, papier blanc, feutres blancs, ciseaux, Scotch.

1 Sortez avec votre enfant pour observer la nuit et invitez-le à décrire ce qu'il voit dans le ciel. Nourrissez la conversation ; si votre enfant évoque la peur que lui procure la nuit, encouragez-le à nommer ce qui l'effraie (bruits, ombres...).

2 De retour à la maison, feuilletez ensemble un guide du ciel. Décrivez les photographies de la lune et des étoiles qui vous plaisent.

3 Disposez le matériel suivant de manière attirante sur une table basse : feutres blancs, papier aluminium, feuilles de papier sombre, colle et ciseaux. Puis demandez : « Veux-tu utiliser tout ceci pour construire un ciel nocturne ? » Observez votre enfant en restant en retrait, mais n'hésitez pas à commenter ses actions si cela ne nuit pas à sa concentration, et à relancer l'activité par des suggestions ou des questions.

4 Proposez-lui ensuite de fabriquer un décor nocturne dans sa chambre : montrez-lui comment scotcher ses œuvres sous le plateau d'une table. Donnez-lui une vielle couverture et proposez-lui de l'utiliser pour faire une tente dessous, afin d'obtenir une zone d'ombre. Laissez-le aménager cet espace à sa guise.

5 Lorsque l'installation est achevée, donnez-lui une lampe de poche pour qu'il joue sous sa tente.

Prolongement

Parlez avec votre enfant de ce que les gens font, la nuit. Les enfants sont souvent frustrés de ne pas pouvoir vivre « l'heure des grands » avec leurs parents ; parlez-lui des loisirs et des métiers qui se pratiquent de nuit. Lisez des livres et regardez des documentaires sur les animaux nocturnes.

lire, ça inspire !

Le Guide du ciel, Guillaume Cannat, amds édition, 2016.

Le réveil de la Terre

• JEUX • musicaux

Dès 5 ans

Pour réveiller la Terre un beau jour de printemps, il faut une certaine endurance, et beaucoup de bruit ! Voici une activité concrète qui développe l'imaginaire et l'intérêt pour les légendes anciennes. À l'instar d'une séance de yoga, elle délasse et dynamise en même temps.

matériel

Petites percussions (wood-blocks, claves, cloches…). Facultatifs : foulards ou rubans de gymnastique.

Conseil
N'hésitez pas à proposer cette séance à un moment où votre enfant a besoin de se défouler, tout en ayant conscience qu'il lui faudra peut-être un petit moment pour accepter de se laisser aller.

1. **Asseyez-vous dehors**, sur l'herbe, avec votre enfant. Contez l'histoire suivante, avec vos mots et vos digressions personnelles, en modulant votre voix (basse/forte) pour simuler la nature endormie ou la danse sauvage : « Il y a très longtemps, des gens vivaient ici, dans ce jardin. Ils avaient une mission très spéciale : à la fin de chaque hiver, ils devaient exécuter une danse magique, pour réveiller la nature de son long sommeil. S'ils gesticulaient et hurlaient comme il faut, les plantes commençaient à pousser les jours suivants… »

2. **Levez-vous** et invitez votre enfant à découvrir comment produire du bruit avec son corps : taper des pieds, frotter ses paumes, frapper les parties de son corps… Rappelez-lui fréquemment l'objectif de la séance : il faut faire du bruit pour réveiller la nature !

3. Lorsque l'enfant a suffisamment exploré, **attirez son attention** sur le panier d'instruments. Laissez-le choisir les objets de son choix et produire des sons de toutes les façons possibles. Mixez les percussions corporelles et les « vrais » instruments, et n'hésitez pas à crier et à chanter : faites du vacarme ! Dansez avec votre enfant pour l'encourager et enrichir, le cas échéant, son répertoire moteur. Chacun peut prendre ensuite un foulard ou un ruban de gymnastique pour amplifier le mouvement de sa danse.

4. Petit à petit, ralentissez le rythme de vos gestes, baissez le niveau de votre voix. L'enfant suivra votre exemple. Asseyez-vous en chuchotant, puis faites le silence quelques instants, avant de conclure à voix basse : « Chut ! Écoute ! **Entends-tu la nature qui se réveille ?** »

lire, ça inspire !

Premiers Printemps, Anne Crausaz, éditions MeMo, 2010.

Allons au zoo !

• JEUX • de cubes

Dès 4 ans

Construire un zoo pour ses animaux miniatures est une manière agréable et efficace de découvrir leur régime alimentaire, leur milieu de vie, leurs habitudes quotidiennes…

matériel

Gros cubes de bois, gros cubes maison (fabriqués à partir de petites boîtes à chaussures ou de briques de lait, bourrées de papier journal froissé et habillées de papier adhésif décoratif). Petits animaux en plastique, en bois ou en tissu.

1 Après une visite au zoo, encouragez votre enfant à **raconter son expérience** et feuilletez ensemble des imagiers sur les animaux.

2 **Disposez le matériel** (cubes, petits animaux) de manière attrayante, par exemple dans de grands paniers posés à même le sol.

3 Invitez votre enfant dans cet espace et attirez son attention **sur les animaux**. Incitez-le à les manipuler, les aligner, les comparer. Parlez de leurs noms, de ce qu'ils mangent, de l'endroit où ils vivent. Si l'idée ne germe pas d'elle-même, proposez à votre enfant de construire un zoo pour tous ces animaux.

4 Essayez de réfléchir ensemble **aux caractéristiques des habitats** : certains animaux auront besoin d'eau, d'autres auront besoin de grands espaces… Aidez votre enfant à sélectionner les cubes les plus adaptés pour chaque enclos.

5 Invitez-le à exprimer son besoin en terme **d'accessoires supplémentaires**, et mettez-vous en quête, ensemble, de ce qui pourrait manquer : petits personnages, petits arbres, chutes de papier (vert pour figurer l'herbe, ou bleu pour l'eau…). Vous pouvez aussi mettre à disposition des matériaux « ouverts » permettant à votre enfant de fabriquer lui-même les détails de son paysage : argile ou pâte à modeler, papier, bâtonnets de glace…

6 **Décrivez** ses créations pour l'aider à les enrichir : « Cet enclos-là est gigantesque ! Pour qui l'as-tu construit ? De quoi cet animal pourrait-il avoir encore besoin… ? »

Prolongement
Enregistrez les scénarios inventés par votre enfant lorsqu'il joue avec son zoo. Transcrivez-les dans un livre maison qui reprendra ses histoires, illustrées par des photos de ses constructions et de ses dessins s'il le souhaite.

Variante
Une séquence similaire peut être menée après une sortie au cirque (voir p. 135 « Quel cirque ! »).

lire, ça inspire !

Bonne nuit, petit gorille !, Peggy Rathmann, Mango Jeunesse, 2010.

Cinéma ! Cinéma !

Votre enfant connaît certainement le cinéma. Mais sait-il qu'il s'agit avant tout d'un procédé permettant de créer l'illusion du mouvement par la projection d'images à cadence rapide ? Voici deux petites activités qui rendront l'expérience concrète.

Le thaumatrope

matériel

Deux sous-bocks (ou disques découpés dans du carton léger mais solide). Une pique à brochette. Colle. Deux images.

Assistez votre enfant dans la confection de **ce jeu d'optique du XIXe siècle**. Collez deux images sur les sous-bocks. Fixez les deux sous-bocks à une extrémité de la pique en les collant solidement dos à dos. En faisant rouler rapidement le bâtonnet entre ses mains, votre enfant verra les deux images se fondre, pour n'en faire qu'une seule.

Expliquez la théorie de la **persistance rétinienne** : notre œil garde la mémoire de l'image observée un court instant, tout comme on garde une trace lumineuse sous les paupières après avoir regardé le soleil.

Le folioscope

matériel

Un petit carnet aux feuilles blanches un peu épaisses (vous pouvez le fabriquer vous-même). Papier calque. Feutres, crayons de couleurs…

Rappelez à votre enfant le principe de la persistance rétinienne et expliquez-lui que vous allez **fabriquer un objet** qui exploite le même phénomène.

Demandez-lui de **dessiner un petit personnage** simple sur la première page de votre carnet. « Il s'agit de reproduire ce dessin sur la page suivante, mais en le décalant légèrement. Comment faire ? De quoi allons-nous avoir besoin ? » Introduisez le papier calque : votre enfant décalque son propre dessin (totalement ou partiellement), puis le reproduit à la page suivante, en le déplaçant de quelques millimètres. Si besoin, proposez quelques idées : « Et si tu faisais bouger son bras ? Comment faire ? » Le changement peut aussi s'appliquer à la couleur : « Si tu voulais qu'il rougisse, comment ferais-tu ? »

Une fois le carnet rempli, faites défiler les pages très rapidement en frottant le pouce contre la tranche : **le dessin s'anime** !

lire, ça inspire !

La Lanterne magique, Anne-Gaëlle Balpe, Simon Moreau, Marmaille et compagnie, 2013.

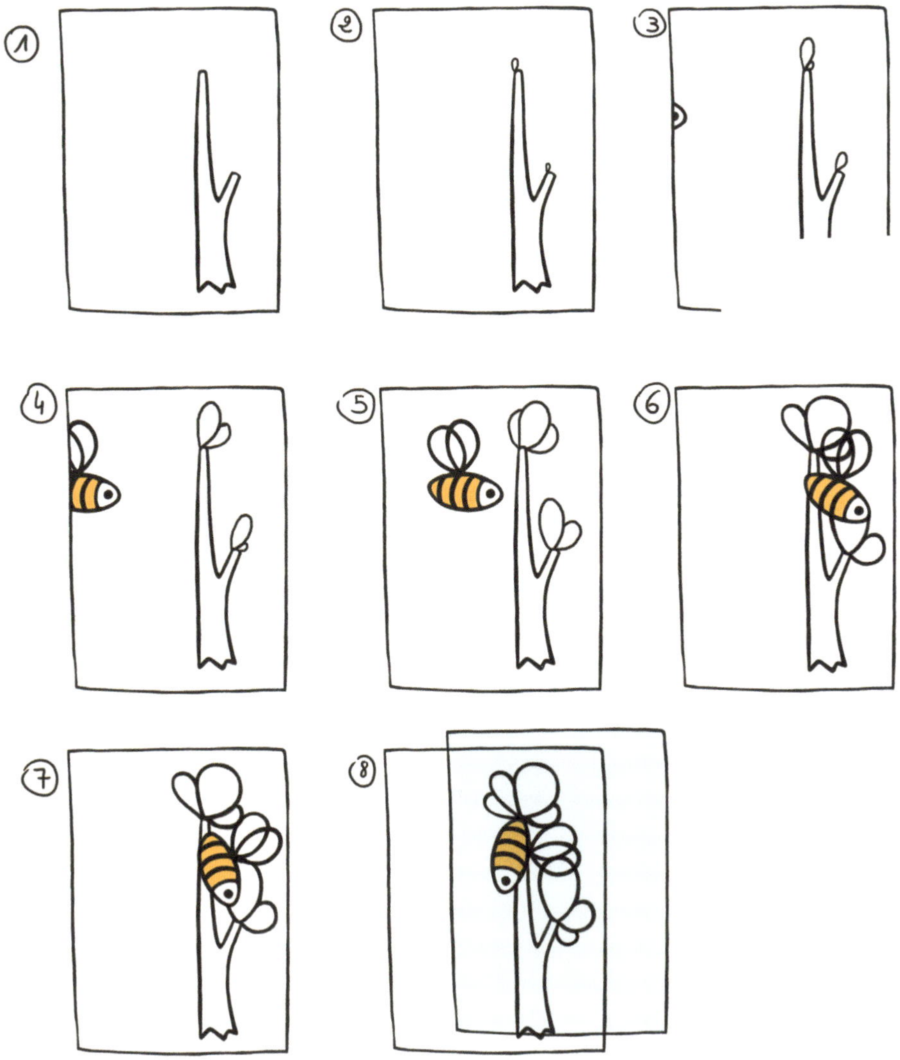
1
2
3
4
5
6
7
8

Quatre recettes de peinture maison

Les jeunes parents sont souvent réticents à laisser leur bébé manipuler les peintures du commerce. Voici quelques recettes maison qui permettront l'exploration sensorielle sans danger. Attention, cependant : ces recettes ne sont pas toxiques mais elles ne sont pas toutes comestibles !

Peinture corporelle

Cette recette de base est idéale pour effectuer des maquillages : vous pouvez la colorer à l'envi, elle n'est pas trop épaisse et fonctionne comme un fond de teint. À étaler à la main, ou au pinceau. Bien sûr, l'enfant peut aussi explorer les différentes couleurs en toute liberté… À essayer tout nu un jour de chaleur !

La recette

Mélangez 1 cuillère à café rase de fleur ou fécule de maïs, 1 cuillère à café rase de liniment oléo-calcaire et 1 cuillère à soupe d'eau. Disposez le tout dans les alvéoles d'un récipient compartimenté (grand bac à glaçon, moule de petits gâteaux en silicone…). Ajoutez quelques gouttes de colorant alimentaire pour obtenir les coloris souhaités.

Peinture à l'œuf

Voici une recette inspirée à la tempera ancestrale… Elle tient relativement bien dans le temps, et sa réalisation amusante plaira à vos aînés !

La recette

Cassez des morceaux de craie (choisissez si possible des couleurs fluorescentes) dans un récipient et réduisez-les en poudre fine, à l'aide d'une pierre ronde. Répartissez la poudre obtenue dans les alvéoles d'un moule à muffins (variez les coloris). Dans un bol, battez vigoureusement un jaune d'œuf et deux cuillères à soupe d'eau, et versez quelques gouttes de ce mélange sur la craie concassée. Mélangez intimement.

Peinture au sucre

Cette peinture, on peut la manger… Mais il vaut mieux utiliser un pinceau pour peindre car elle colle !

La recette

Versez la quantité souhaitée de sirop d'érable (ou sirop de riz, ou d'agave…) au fond d'un récipient. Colorez avec du colorant alimentaire. Ajoutez éventuellement un peu d'eau selon la consistance souhaitée.

Peinture au vinaigre

Cette recette est comestible, mais votre bébé comprendra rapidement, s'il la porte à ses lèvres, que la peinture n'est pas faite pour être mangée !

La recette

Mélangez vigoureusement 1 cuillère à soupe de vinaigre blanc, 1 cuillère à soupe rase de fleur ou fécule de maïs, et une vingtaine de gouttes de colorant alimentaire dans un bol.

lire, ça inspire !

Les Petits Artistes, Gaëtane Lannoy, Casterman, 2005.

Roulez, jeunesse !

JEUX d'éléments

Dès 1 an

Les cyclindres de carton qui protègent les posters à l'achat sont des matériaux inestimables. Longs, très solides, ils constituent la base de multiples jeux physiques. Ne les jetez plus, ils serviront longtemps !

matériel

Tubes de carton de différentes tailles, balles diverses (de tennis, de golf, en mousse…), petits objets divers (petits anneaux de rideaux, tronçons de tiges de bambou, morceaux de bois, jouets en bois…).

❶ **Disposez tout le matériel** de manière attractive et esthétique, par exemple en présentant les éléments dans de petits paniers. Si votre enfant reste timide face à l'invitation, prenez l'initiative de manipuler devant lui, avec des gestes lents et théâtraux : prenez une petite balle entre vos doigts, tournez-la de diverses manières (dans vos mains, au sol…) et proposez à votre enfant d'expérimenter à son tour.

❷ De même, laissez-le **manipuler** les tubes de carton ; soyez attentif à suivre ses découvertes – vous pouvez, par exemple, jouer à l'imiter. Peut-être votre enfant passera-t-il un long moment à regarder à travers le tube, peut-être essayera-t-il d'y insérer de petits objets… Si votre enfant parle et que cela ne nuit pas à sa concentration, vous pouvez l'encourager à préciser ses idées et exprimer les liens entre elles, pour expliquer ce qui se passe et anticiper le résultat de son action.

Variante
Si possible, proposez plusieurs tubes, de différentes longueurs et diamètres, et placés à des hauteurs diverses, pour permettre une exploration variée. Observez votre enfant affiner ses choix : quel objet glisse le mieux en fonction de la rampe choisie ?

❸ Placez un tube de carton au sol, et **élevez une de ses extrémités** à l'aide d'une chaise, d'un carton ou d'un gros cube. Avec des gestes lents, placez une balle dans le tube, et assistez ensemble à sa sortie de l'autre côté. Invitez ensuite votre enfant à poursuivre l'activité avec les autres balles et objets que vous avez rassemblés.

lire, ça inspire !

Expériences pour rouler, Delphine Grinberg, Jörg Mülhe, Nathan, coll. Croq'sciences, 2005.

La danse de la pluie

• JEUX • musicaux

Dès 4 ans

Les sens des enfants sont particulièrement réceptifs aux éléments naturels. Danser en famille sur ce thème permet de mettre sa créativité au service de ce bagage sensoriel. Entrez dans la danse, ce sera irrésistible !

matériel

Lecteur CD, disques de musique instrumentale, foulards. Équipement de pluie pour chacun : bottes, ciré, parapluie…

1. **Partez en promenade sensorielle** un jour de pluie. Bien équipés, prenez le temps de jouer dans les flaques, de courir dans le vent. Attirez l'attention de votre enfant sur la sensation des gouttes sur son visage, l'odeur et l'aspect des végétaux mouillés…

2. De retour à la maison, **revenez sur cette expérience** – autour d'un petit goûter, par exemple. Demandez à votre enfant s'il saurait bouger comme une goutte de pluie. Saurait-il rebondir dans les flaques ? Rouler sur la surface des feuilles ? Se laisser porter par le vent ?

3. **Lancez un disque** de musique instrumentale au tempo varié (lent, puis rapide) et annoncez à l'enfant que vous allez jouer aux gouttes d'eau. Danser ensemble en suivant la musique – lentement, rapidement. Quand la musique s'arrête, les petites gouttes tombent sur le sol ! Vous pouvez avoir besoin de l'aide d'un tiers qui coupe de temps en temps le disque afin de multiplier ces chutes.

4. **Chacun prend ensuite un foulard** et l'agite en dansant – vous pouvez l'attacher au poignet de l'enfant si nécessaire. L'adjonction d'un accessoire permet d'enrichir le répertoire moteur : les gestes se font plus amples, plus variés.

Variante

La même séquence peut être menée sur le thème du vent : promenade un jour de grand vent, observation d'objets légers volant dans le vent, et danse avec un moulin à vent dans les mains ! (Voir p. 184, « Danse avec le vent ».)

lire, ça inspire !

Quand il pleut, Junko Nakamura, éditions MeMo, coll. Tout-petits Memômes, 2014.

Balade nocturne : on se prépare...

JEUX dehors

Dès 3 ans

La plupart des enfants ont peu l'occasion de faire l'expérience de l'obscurité – en particulier s'ils habitent dans une ville, éclairée à toute heure. La plus banale des promenades devient pourtant extraordinaire si elle est effectuée de nuit. Une fois les yeux habitués au noir, l'excitation cède la place à la concentration, tous les sens sont en éveil. C'est l'activité idéale pour vaincre les terreurs nocturnes !

matériel

Vêtements sombres, chaussures confortables et silencieuses, lampes torches (aux batteries rechargées !), jumelles, pique-nique et bouteille isotherme de chocolat chaud. Maquillage de camouflage (optionnel).

1. **Choisissez un itinéraire** naturel familier, même court, mais éloigné de toute lumière artificielle. Il peut s'agir d'un parc ou d'un jardin si vous habitez en ville.

2. Si vous en avez l'occasion, n'hésitez pas à **baliser le parcours en amont** à l'aide de bracelets-tubes phosphorescents accrochés aux branches, ou de flèches tracées à la craie, que les enfants repéreront à la lueur de leurs lampes torches.

3. Habillez-vous de **vêtements sombres** qui ne bruissent pas. Amusez-vous à vous maquillez à l'aide de fusain ou d'un peu de glaise : le succès est garanti auprès des jeunes explorateurs ! Mettez des chaussures souples mais solides, adaptées au terrain choisi.

Conseil
Fixez un morceau de Cellophane rouge devant l'ampoule de vos lampes : ainsi, les animaux sauvages ne seront pas dérangés...

4. Consultez **l'heure du coucher du soleil** et ne soyez pas en retard : c'est au crépuscule que la plupart des animaux nocturnes s'ébattent, il ne s'agit pas de les rater !

lire, ça inspire !

La Nuit blanche de Raymond, Armelle Barnier, Rémi Saillard, Actes Sud Junior, coll. Histoires sages, 2004.

Balade nocturne : on y va !

• JEUX • dehors

Dès 3 ans

La promenade de nuit en famille est fascinante quelle que soit la saison. En hiver, on appréciera de pouvoir proposer cette activité sans déroger aux horaires habituels du coucher des enfants. Au printemps et en automne, la faible densité de la végétation accroît les chances d'apercevoir les animaux du crépuscule. En été, entre la danse des chauve-souris et l'éclat des étoiles, la nuit revêt son costume de fête…

1. Pendant la promenade, encouragez vos enfants à **ne pas utiliser leur lampe** systématiquement. Une fois leurs yeux accoutumés à l'obscurité, ils seront étonnés de percevoir autant de détails.

2. Pour rendre l'expérience encore plus sensorielle, et si le terrain et la saison s'y prêtent, autorisez-les à marcher **pieds nus** sur de petites distances.

3. Prenez le temps d'explorer **minutieusement**, à l'aide de petites lampes, certains recoins naturels : soulevez les grosses pierres, inspectez les troncs spongieux des arbres creux… N'oubliez pas de toujours relâcher les petites bêtes là où vous les avez trouvées, et de remettre les éléments naturels à leur place.

4. Arrêtez-vous **dans un endroit dégagé**, au centre duquel vous posez une grande lanterne. Chacun s'isole alors légèrement, à condition de ne pas perdre de vue ce repère convenu ; après avoir écouté les bruits de la nuit, toute la famille revient dans le cercle pour décrire ses expériences.

5. **Observez le ciel** en silence, en vous passant une paire de jumelles pour observer les reliefs de la lune ou la myriade d'étoiles au-dessus de vos têtes.

La sécurité d'abord !
Assurez-vous que tout le monde reste groupé, et demandez aux enfants de circuler par groupe de deux (placez toujours un adulte à l'avant, et un autre à l'arrière du groupe). Attachez un brassard fluorescent au bras de chacun des enfants et apprenez-leur à marcher lentement et précautionneusement pour éviter les obstacles.

Lire, ça inspire !

Que fait la lune, la nuit ?, Anne Herbauts, Casterman, coll. Les albums Duculot, 1998.

Jouer au docteur

Jouer au docteur permet à l'enfant de développer la conscience de son propre corps et d'appréhender l'importance sociale de cette profession.

matériel

Poupées, mallette de docteur garnie en plastique, blouses blanches, masques et charlottes en papier. Nécessaire pour bandages (lambeau de tissu, gaze, Scotch…), sparadrap, boules de coton, flacons vides, grosses seringues sans aiguilles, gants de caoutchouc, stéthoscope, pèse-personne, vieilles radiographies. Écritoire à pince, carnets, stylos, magazines…

❶ Au préalable, **fabriquez quelques accessoires**, avec l'aide de votre enfant : un carnet de prescriptions (agrafez quelques feuillets ensemble, sur lesquels vous reproduirez l'en-tête des ordonnances classiques), un relevé des arrivées des patients (écrivez le nom du médecin en haut de la page, ménagez une colonne pour le nom des patients et une autre pour l'heure d'arrivée, puis fixez ce feuillet sur une écritoire à pince), un test d'acuité visuelle (affichez des lettres de différentes tailles au mur)… Ne négligez pas ces accessoires, même si votre enfant ne sait pas encore écrire !

❷ Invitez votre enfant à **évoquer sa propre expérience**. Lisez un livre sur le sujet, et posez des questions ouvertes : « Que fait le médecin ? », « Comment sais-tu que tu es malade ? », « Pourquoi tombons-nous malades ? », etc.

Conseil
Certains enfants, du fait de leur vécu, peuvent ressentir de la peur ou de la colère vis-à-vis de la thématique médicale. Accueillez leurs sentiments tels qu'ils sont et n'hésitez pas à partager vos propres souvenirs.

❸ Proposez-lui **les accessoires médicaux**. Laissez-lui le temps de les manipuler, donnez-lui les noms des éléments qu'il ignore et discutez ensemble de l'usage de chaque outil. « Que se passerait-il si ta poupée tombait malade ? Où pourrions-nous l'emmener ? » Aménagez l'espace de jeu ensemble : salle d'attente, cabinet médical, chambre d'hôpital, pharmacie…

❹ Une fois le jeu lancé, **observez en retrait** et laissez à votre enfant tout le temps nécessaire pour développer cette thématique à sa manière.

Prolongement
Invitez votre enfant à créer « le livre de son corps » : chaque double page reçoit une légende (« Voici mes bras », « Voici mon cœur », « Voici mon cerveau », etc.) que l'enfant illustre comme il l'entend (dessin, collages, photos…). Encouragez-le à parler des fonctions de chaque membre ou organe. L'enfant peut également réaliser un grand dessin coloré de son propre corps (organes et os compris !) et le légender à sa manière.

lire, ça inspire !

Docteur Biskuit, Ronan Badel, L'Élan vert, 2012.

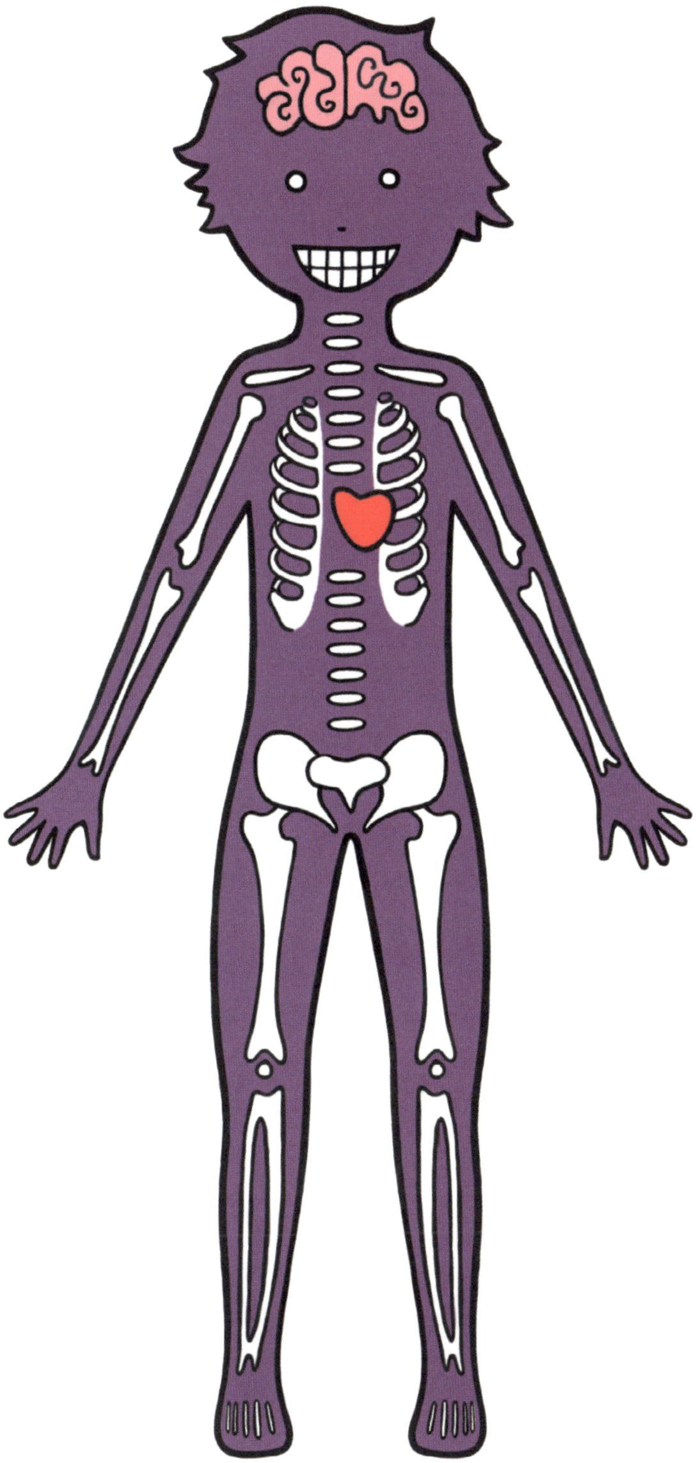

Danse relaxante

JEUX musicaux

Dès 2 ans

La musique est un relaxant puissant. Dans cette activité, la détente est renforcée par la pratique de mouvements larges et lents. Ne vous inquiétez pas si votre enfant, trop tonique, a du mal à ralentir pendant l'exercice : chacun peut vivre l'expérience à son propre rythme avec profit.

matériel

Lecteur CD, disques de musique douce, espace dégagé permettant à chacun de s'étirer et de s'allonger sur le sol.

Conseil
Prenez le temps d'observer, en amont, le moment de la journée propice à l'excitation ou à la colère chez votre enfant. Il peut avoir des difficultés à se détendre avant la sieste, ou bien connaître un moment difficile à la fin de la journée… Proposez le jeu suivant au moment le plus adapté à votre famille.

1. Après avoir identifié le moment adéquat pour proposer ce moment de détente à votre enfant, **lancez un disque** de musique relaxante, et invitez-le à s'asseoir avec vous sur le sol. Expliquez-lui clairement l'objectif de la séance, avec des mots simples et précis : « Nos esprits et nos corps ont beaucoup travaillé aujourd'hui. Ils vont se reposer maintenant, c'est-à-dire qu'ils vont aller moins vite. Nous allons nous détendre ensemble pour nous sentir plus calmes. »

2. **Écoutez** la musique quelques instants en silence, puis commencez à respirer ostensiblement, lentement, en amplifiant bien chaque inspiration et chaque expiration. Lorsque vous sentez que votre enfant a calqué sa respiration sur la vôtre, levez-vous et commencez à bouger lentement en suivant la musique. Utilisez tout votre corps dans de larges mouvements fluides et légers : levez vos bras vers le plafond en les étirant, ouvrez et fermez vos mains, balancez doucement votre tronc de droite à gauche comme pour vous bercer, tendez votre jambe en avant et en arrière… Invitez gestuellement votre enfant à vous imiter si nécessaire.

3. Lorsque vous le souhaitez, ou lorsque le morceau prend fin, **laissez-vous glisser sur le sol**. Allongez-vous sur le dos et détendez complètement vos membres en respirant profondément.

lire, ça inspire !

Baillons !, Ilan Brenman, Renato Moriconi, P'tit Glénat, coll. Vitamine, 2014.

Boîtes à formes

• JEUX • de cubes

Dès 1 an

Les tout-petits aiment passer des objets dans des trous. Les boîtes à formes sont une excellente occasion d'observer, de trier et de catégoriser ; elles exercent la motricité fine et la reconnaissance des tailles et des formes, et celles que vous fabriquerez auront, sur celles du commerce, l'avantage d'isoler la difficulté.

matériel

Lots de quatre cubes identiques par leur forme (plusieurs pavés, plusieurs cubes, plusieurs pyramides, plusieurs cylindres…), quatre petites boîtes à chaussures. Feutres, cutter, papier à dessin.

1 **Fabriquez vos boîtes à formes** – une boîte pour chaque type de cube. Découpez dans le couvercle de la boîte la forme choisie, aux dimensions légèrement supérieures à celles du cube à introduire. Évidez une des faces de la boîte pour que l'enfant puisse récupérer les cubes à l'intérieur sans avoir à l'ouvrir.

2 Présentez à votre enfant **une catégorie de cubes à la fois**, et encouragez-le à s'approprier librement les solides présentés. Proposez-lui ensuite la boîte correspondante : « Tous ces cubes peuvent passer dans le trou de cette boîte. Regarde, la face du cube et le trou ont la même forme. » Laissez votre enfant manipuler librement le matériel.

3 Un autre jour, lorsque la première boîte est maîtrisée, proposez-en **une autre**.

Conseil

Vous pouvez guider le geste de votre enfant pour l'aider à positionner sa main correctement s'il éprouve des difficultés à faire passer l'objet et en ressent de la frustration, mais ne le faites que dans ce cas.

4 Plus tard encore, proposez **deux types de cubes contrastés** (pavés et cylindres, par exemple) ainsi que les deux boîtes correspondantes.

5 Pendant les manipulations de votre enfant, n'hésitez pas à **commenter ses explorations** – à condition de ne pas affecter sa concentration. « La face de ce cube est carrée. Où est la boîte qui a un trou en forme de triangle ? Voici un cube dont la face est triangulaire. Vois-tu la boîte dont le trou a une forme de triangle ? »

6 En vous appuyant sur vos observations, proposez **de plus en plus de formes** en même temps. Vous pouvez aussi décider de fabriquer une boîte multiforme lorsque vous sentez que votre enfant est prêt.

lire, ça inspire !

Quatre petits coins de rien du tout, Jérôme Ruillier, Bilboquet, 2004.

Bac sensoriel maritime

L'eau est un des matériaux physiques les plus simples à utiliser : disponible et peu chère. Ses changements d'états, aisés à déclencher, fascinent dès le plus jeune âge. Cette activité se propose d'utiliser des glaçons pour composer un petit univers miniature qui stimulera manipulation et communication.

matériel

Grand plateau profond en plastique, colorant alimentaire bleu, coquillages, galets, petits bateaux, figurines marines, sable et plantes d'aquarium en plastique, morceau de toile cirée ou bâche.

1 **Confectionnez des glaçons** avec de l'eau colorée de bleu, puis organisez votre plateau de manière attrayante : sur lit de glace bleutée, disposez les éléments « en situation » pour créer un petit monde.

2 Laissez votre enfant **découvrir** cette invitation. Étayez son expérience en décrivant objectivement ce qu'il voit ou ce qu'il fait, à condition de ne pas troubler sa concentration : « Tu regardes ce requin. Tu essaies d'attraper ce glaçon ? »

3 En manipulant les glaçons, parlez ensemble de **la sensation de froid** procurée sur les mains : essayez de décrire la température et la texture de la glace, la manière dont elle fond sous les doigts et les sensations procurées.

4 **Laissez-vous guider** par les centres d'intérêt de votre enfant. S'il invente des scénarios, par exemple, endossez les rôles qu'il voudra bien vous donner, et suivez le cours de son imagination en l'engageant à décrire les situations inventées le plus précisément possible. Ou s'il s'intéresse surtout à la manipulation et à l'observation, mettez à disposition les outils nécessaires (entonnoirs, cuillères...) et aidez-le à parler de ses découvertes.

5 Si vous le pouvez, **photographiez** ses expérimentations et prenez en note ses remarques. Ainsi, un scénario inventé par un enfant imaginatif peut être rapporté dans un livre maison, avec les photographies de l'adulte et ses propres légendes, puis rejoindre ses autres albums dans sa bibliothèque.

Conseil

Proposez ce bac si possible en extérieur : une journée ensoleillée mais fraîche sera parfaite pour permettre à l'enfant (bien emmitouflé) de manipuler suffisamment avant la fonte. Au besoin, bâchez votre sol pour le protéger des éclaboussures.

lire, ça inspire !

Poisson et chat, Joan Grant, Neil Curtis, Rue du Monde, 2009.

Laisser une trace

Parce que le dessin permet au tout-petit d'exercer les muscles de ses bras et de ses doigts et d'expérimenter les couleurs et les formes, il est important de proposer cette activité le plus souvent possible, *via* une pluralité de supports et de techniques. Certains enfants resteront absorbés longtemps, d'autres se détourneront très vite… Ne vous découragez pas : cela ne témoigne en rien d'un manque d'intérêt, et deux minutes d'activité sont riches en apprentissage pour un bambin !

Dans le sable

matériel

Plaque à pâtisserie (plaque de four noire), sable fin. Outils facultatifs : cuillères en plastique, bâtonnets de glace, baguettes chinoises, pailles…

Versez une fine couche de sable de façon à recouvrir le fond de votre plaque à pâtisserie. Laissez votre enfant explorer cette matière **avec ses doigts et ses mains** : les traces apparaîtront par contraste, découvrant le fond noir de la plaque de cuisson. De temps en temps, secouez la plaque pour tout effacer et retrouver une surface lisse. Un autre jour, vous pouvez proposer la même activité avec des outils.

Conseil
Les tout-petits aiment travailler debout, car le dessin engage tout leur corps. Proposez-leur toujours un vaste espace de travail, idéalement sur une table basse autour de laquelle ils peuvent se déplacer.

Avec des feutres

matériel

Récipient en plastique de récupération, plâtre. Gros feutres. Papier d'emballage de récupération, Scotch.

Reboucher un feutre est compliqué pour un petit, car c'est un geste qui nécessite la coordination conjointe des deux mains. Facilitez-lui la tâche en versant du plâtre au fond d'un récipient en plastique ; plantez les bouchons dans le plâtre frais (ouverture vers le haut). Ils seront bientôt pris dans le plâtre sec et vous ne risquerez pas de les égarer. Reste à « piquer » chaque feutre dans son bouchon pour le ranger. Pour que votre enfant puisse disposer d'une large surface pour dessiner, recouvrez une table basse de papier d'emballage, fixé avec du Scotch. Restez toujours à côté de lui pour éviter qu'il ne porte les mines à la bouche et ne gribouille sur le tapis du salon… Rappelez inlassablement ce principe : **« Le dessin, c'est sur le papier ! »**

Sur papier noir

matériel

Papier Canson de couleur noire, format raisin, Scotch. Grosses craies de trottoir colorées. Facultative : petite éponge humide dans une coupelle.

Fixez la feuille de papier noir avec du Scotch sur une table basse et invitez votre enfant à dessiner librement avec les craies de couleur. Lorsque l'intérêt retombe, vous pouvez lui montrer comment effacer les traits produits avec une éponge humide. Tracer sur le papier humide est également une expérience sensorielle intéressante : les couleurs sont plus intenses, la texture se fait onctueuse…

lire, ça inspire !

Le Zoo des couleurs, Lois Ehlert, Le Genévrier, 2011.

Ombres et édifices

JEUX de lumière

Dès 3 ans

Les ombres fascinent les enfants, surtout s'il s'agit de leur ombre propre, sur laquelle ils ont un pouvoir, ou de l'ombre de leurs constructions, qu'ils sont libres d'inventer et de modifier à volonté.

matériel

Gros cubes en bois et en carton. Craie. Petit chariot ou brouette taille enfant pour transporter les cubes.

1. Idéalement, cette activité est à proposer à des enfants ayant eu le loisir de jouer avec leur ombre propre (voir p. 41, « La chasse aux ombres »). Réactivez les souvenirs et les impressions de votre enfant concernant ce type de jeu : « Tu as déjà vu ton ombre quand tu joues dehors ? À quoi ressemble-t-elle ? » Laissez votre enfant s'exprimer pleinement sur le sujet, puis : « Que se passera-t-il si nous emportons quelques cubes dehors et que nous faisons une tour avec au soleil ? **Est-ce que les cubes auront une ombre**, eux aussi ? »

2. Invitez votre enfant à **choisir les cubes** avec lesquels il souhaite jouer, et montrez-lui comment les transporter (en remplissant un grand sac, un carton ou une brouette…).

3. Une fois dehors, partez à **la chasse aux ombres**, et observez celles de votre environnement. Engagez votre enfant à **jouer avec son ombre**. Posez-lui de petits défis : « Peux-tu faire en sorte que ton ombre soit la plus petite possible ? La plus grande possible ? Peux-tu la faire disparaître ? » Tracez au sol le contour de l'ombre de votre enfant dans différentes postures.

4. Repérez ensemble un espace dégagé, au sol dallé ou bitumé, où vos ombres propres sont nettes et bien visibles : il fera un excellent terrain de construction. Laissez votre enfant construire librement au sol avec ses cubes, et attirez son attention sur **les ombres de ses constructions**. Tracez le contour des ombres obtenues à l'aide d'une craie et décrivez-les ensemble : sont-elles courtes, épaisses, longues… ?

Variante

Avec des plus grands, si le lieu le permet, les constructions peuvent rester en place quelques heures, de manière à ce que l'enfant puisse procéder à un « relevé » d'ombres et observer le fait qu'elles se déplacent autour de ses œuvres.

Une activité similaire peut être menée en intérieur, en projetant les ombres des constructions sur un mur (sur lequel on a tendu une feuille de papier à dessin) à l'aide d'une lampe.

lire, ça inspire !

Où es-tu Princesse ?, Nathalie Dieterlé, Casterman, 2006.

Station de lavage

JEUX d'imitation

Dès 3 ans

Choisissez un jour de beau temps pour cette activité pratique et scientifique, qui conjugue l'attrait des tout-petits pour les gestes de la vie quotidienne, l'intérêt qu'ils éprouvent pour les engins porteurs et leur amour de l'eau. Succès garanti !

matériel

Porteurs divers, gros camions, tricycles, tracteurs à pédales… Un seau ou une cuvette. De l'eau savonneuse, et de l'eau claire. Une grosse éponge. Vieux torchons, chiffons propres. Papier, crayons, colle et tracts de station de lavage auto. Vêtements appropriés pour tous les acteurs, vêtements de rechange.

1. Une bonne introduction à cette activité est une visite à **la station de lavage de voiture** : c'est une sortie passionnante pour les petits ! Aidez l'enfant à mettre des mots sur cette expérience, en verbalisant les différentes étapes : fermer les fenêtres, se faire asperger de mousse, passer entre les rouleaux, nettoyer les roues et le châssis, se faire sécher et polir, payer le caissier… Si ce n'est pas possible, l'enfant peut vous assister le jour où vous lavez votre voiture à la main.

2. De retour à la maison, **confectionnez un visuel** des actions accomplies, en collant, l'une au-dessous de l'autre, des photographies représentant les différentes étapes de l'opération (les prospectus délivrés dans les stations peuvent servir de base). Essayez d'établir avec votre enfant la liste de ce dont vous avez besoin pour organiser une station de lavage. Guidez l'enfant par des questions plutôt que par des affirmations : « Comment allons-nous faire pour enlever le savon ? Et pour sécher les véhicules ? »

3. **Invitez votre enfant** à installer sa propre station de lavage, dans un endroit dégagé, à l'extérieur, pour laver ses engins porteurs. Aidez-le à organiser des pôles bien distincts pour laver, rincer, sécher. Affichez votre visuel imagé de la procédure pour lui permettre de s'y référer.

Prolongement
Si vous travaillez avec plusieurs enfants, encouragez-les à coopérer. L'un joue le marchand, l'autre le client, ou l'un se charge de laver, et l'autre de rincer… Le protocole illustré peut servir de base à un imagier maison (support de langage !) sur la méthode de lavage d'un véhicule.

lire, ça inspire !

Le Garage de Merlin, Christophe Merlin, La Maison est en carton, 2014.

La tarte taterre

JEUX d'arts

Dès 1 an

« Tarte taterre », c'est le nom que donnait ma fille à ses « tartes Tatin » confectionnées avec amour à partir de la boue du jardin. Voici une activité gratuite, qui ne requerra qu'un peu d'eau, de terre… et un zeste de patience parentale !

matériel

Tuyau d'arrosage, seau, pelle. Vaisselle en plastique : bols, cuillères, tasses…

1 Un jour de beau temps, aidez votre enfant à enfiler **des vêtements adaptés** (pantalon de pluie, bottes en caoutchouc…), et sortez dans le jardin.

2 Montrez à votre enfant comment **creuser un trou** dans la terre : c'est un exercice fascinant pour les tout-petits, permettant d'aérer le sol, qui sera ainsi plus facile à manipuler.

3 Actionnez **le tuyau d'arrosage**, et remplissez le trou d'eau, jusqu'à obtenir une boue bien souple. Laissez votre enfant observer le phénomène physique : il aura certainement besoin de le comprendre aussi avec les mains !

4 Invitez votre bébé à s'asseoir confortablement devant le trou et à **explorer** la matière avec les mains et divers outils laissés à sa disposition. Il n'aura certainement pas besoin de mode d'emploi pour mener à bien cette activité sensorielle !

Conseil
Certains enfants, surtout s'ils sont en pleine phase d'apprentissage de la continence, n'aiment pas se salir les mains. Repliez-vous sur une autre activité… et proposez celle-ci à vos aînés !

5 **Nettoyez** les mains de votre enfant et ses outils au jet d'eau, et prévoyez un bain chaud juste après cette activité.

Variante
Avec des enfants plus grands, proposez des moules variés et lancez un projet « château de boue », qu'il s'agira de décorer ensuite avec de petits cailloux, des végétaux, des coquillages…
Cette activité peut aussi être menée en intérieur : recouvrez votre sol pour éviter de le salir, et gardez des torchons à portée de main. Travaillez avec de la terre du jardin, ou, à défaut, du terreau du commerce. Procédez au mélange dans un grand bac en plastique. *Voir aussi p. 115, « Sculptures de boue ».*

lire, ça inspire !

1, 2, 3, 4 éléments, Francesco Pittau, Bernadette Gervais, Seuil Jeunesse, 2004.

Du pareil au même

JEUX d'éléments

Dès 2 ans

Ce petit jeu permet d'apprendre le nom des couleurs, de pratiquer la correspondance terme à terme et la mise en paire, tout en développant la coordination main-œil et la motricité fine. Laissez le temps à votre enfant de manipuler longuement, et ne lui proposez d'avancer dans l'exercice que lorsqu'il maîtrise chacune des étapes.

matériel

Boîte à œufs vide. Petits pompons de trois ou quatre couleurs, feutres, bol incassable. Grosse pince en plastique.

1 En amont, **coloriez le fond** de chaque alvéole de la boîte d'œufs d'une pastille de couleur correspondant à celle des pompons. Composez un algorithme, en alternant les séries : bleu, rouge, jaune, bleu, rouge, jaune… Disposez les pompons dans le bol.

2 **Proposez le matériel** sur une table basse, et laissez votre enfant le manipuler.

3 Proposez-lui ensuite **l'activité suivante** : placez un pompon dans chaque alvéole correspondante et fermez la boîte. Installez-vous avec votre enfant sur le sol et aidez-le à ouvrir la boîte avec précaution. Pointez les pompons un à un en verbalisant : « Voici le pompon jaune dans la case jaune. Et voici le pompon rouge dans la case rouge. » Invitez votre enfant à ôter les pompons au fur et à mesure et à les placer devant lui, puis à les replacer dans la boîte. Avant deux ans et demi, les tout-petits ne tiendront peut-être pas compte des couleurs : faire correspondre une alvéole à un élément est déjà un exercice mathématique complexe. Verbalisez les actions de votre enfant quelles qu'elles soient.

4 Lorsque la mise en paire ne pose plus de problème, **introduisez la pince**, à l'aide de laquelle l'enfant saisira les pompons pour les placer dans la boîte. Procédez à une démonstration et n'hésitez pas à corriger gentiment la position de la main de votre enfant pendant cet exercice.

Prolongement

Les pompons peuvent être rangés, après l'exercice, dans de petits récipients de même couleur. Laissez l'enfant se charger de les trier dans leur « maison » !

lire, ça inspire !

Les Couleurs de Balthazar, Marie-Hélène Place, Emma Kelly, Caroline Fontaine-Riquier, Hatier, 1997.

Cassé !

Les tout-petits qui découvrent les cubes n'aiment rien moins que… détruire, au grand dam de leurs aînés ! Il est néanmoins important de comprendre l'importance de cet acte pour un jeune enfant : détruire lui permet d'établir le lien de cause à effet et développe son sentiment de compétence.

matériel

Gros cubes en carton.

Conseil

L'aire de jeu de votre enfant peut être recouverte d'un tapis de jonc ou de mousse (veillez bien à ce que sa matière ne déstabilise pas les constructions !) qui présente le double avantage de délimiter l'espace de jeu et d'atténuer les bruits de chute.

1 **Observez votre enfant** pendant qu'il manipule ses cubes ; l'activité suivante sera proposée lorsqu'il commence à empiler quelques cubes l'un sur l'autre et à détruire ses constructions presque aussitôt. Essayez d'identifier et de verbaliser ce que votre enfant ressent lorsque les cubes tombent : est-ce de l'excitation, de l'effroi, de la frustration ?

2 Proposez à votre enfant de **jouer ensemble** : vous empilez chacun un cube à tour de rôle, de façon à former une tour, jusqu'à ce qu'elle s'écroule d'elle-même.

Variante

Avec les plus jeunes, c'est vous qui construirez la tour que l'enfant se chargera de détruire. Avec plusieurs enfants, instaurez une rotation : chacun place un cube à tour de rôle jusqu'à ce que la tour s'écroule… Et recommencez !

3 **Vers trois ans**, l'enfant commence à élaborer des stratégies et à sélectionner les cubes les plus appropriés en vue d'un objectif. Encouragez cette compétence en verbalisant : « Quel cube vas-tu placer ensuite ? Bon, voyons si ça marche… » Laissez toujours votre enfant aller au bout de ses choix sans intervenir, même s'il est évident pour vous que la pièce choisie ne pourra pas tenir en équilibre sur les autres. Commentez le résultat de son action de manière neutre : « Regarde, tout est tombé ! Tu entends le bruit que ça fait quand ça tombe ? On essaie d'en construire une autre ? »

lire, ça inspire !

La Maison en petits cubes, Kenya Hirata, Kunio Katô, Nobi nobi !, 2012.

Duos et orchestres

Voici une suite de petits jeux musicaux qui développent l'écoute, le sens de l'observation, et la créativité. Ce sont des outils utiles pour élaborer un répertoire familial de manière ludique et attractive et il vous sera facile de développer les variantes qui conviendront à votre famille. Toutes ces activités peuvent être proposées à un groupe avec bénéfice.

Fredonner

Asseyez-vous sur le sol avec votre enfant, et chantez ensemble une de vos chansons préférées. Annoncez ensuite que vous allez **fredonner** une autre chanson. Votre enfant la reconnaîtra-t-il ? Sera-t-il capable d'en chanter quelques bribes ? Ne chantez que la mélodie (sur « Mmm ... » ou « La la la... »), puis invitez l'enfant à fredonner avec vous.

Le chef d'orchestre

matériel

Panier de petits instruments (castagnettes, harmonica, xylophone...).

Un autre jour, disposez plusieurs instruments au sol et choisissez-en un. Jouez avec différentes intentions : vigoureusement puis doucement, rapidement puis lentement. Laissez ensuite l'enfant choisir un instrument, et inversez les rôles pour qu'**il joue à son tour au chef d'orchestre** : il va essayer d'imiter, avec un autre instrument, les mêmes rythmes et les mêmes intensités. Après quelques minutes de jeu, ménagez un temps de silence et de verbalisation : « Quand tu as joué rapidement, j'ai trouvé que c'était gai, ça m'a donné envie de danser. »

Jeu d'écoute

matériel

Petits instruments par paires (deux triangles, deux tambourins, deux bâtons de pluie...), un carton évidé sur un côté.

Un autre jour, disposez au sol un lot d'instruments, et cachez leurs jumeaux dans un carton, ouvert face à vous, de manière à ce que l'enfant ne puisse voir son contenu. Nommez et faites sonner les instruments visibles ensemble aussi longtemps que l'enfant le souhaite, puis proposez-lui de reconnaître, **sans le voir**, celui que vous allez manipuler dans le carton. L'enfant écoute le son produit, et saisit l'instrument posé au sol en le nommant. Il vérifie son choix en jouant quelques notes. Lorsque ce jeu est devenu familier, vous pouvez inverser les rôles, l'enfant vous faisant deviner l'instrument joué.

lire, ça inspire !

La Batterie de Théophile, Jean Claverie, Gallimard Jeunesse, Folio Benjamin, 2003.

La danse de la peinture aux pieds

JEUX d'arts

Dès 2 ans

Si la plupart des enfants ont expérimenté la peinture avec les mains, bien peu l'ont fait avec leurs pieds. C'est pourtant une expérience sensorielle capitale, et sans danger pour peu qu'elle soit aménagée.

matériel

Musique entraînante, grande feuille de papier vierge (format raisin), Scotch, chaise d'enfant, deux cuvettes, gouache liquide, vieux torchons propres.

1. **Avant de commencer :** scotchez une grande feuille de papier au sol, et placez-y une petite chaise d'enfant. Versez l'équivalent d'un verre de gouache dans une cuvette ; remplissez l'autre d'eau savonneuse et placez-la à l'écart, ainsi que les torchons.

2. **Faites asseoir votre enfant** et placez le bac de peinture sous ses pieds, de façon à ce qu'il puisse patauger à sa guise. Retirez ensuite le bac et placez-le à l'écart. Lancez la musique.

3. Encouragez votre enfant à danser avec ses pieds, **tout en restant assis** : la peinture glisse et les risques de chute sont importants. Lorsque les pieds ne laissent plus de traces, proposez-lui de les enduire de peinture à nouveau. Changez la feuille de papier si nécessaire, et n'hésitez pas à déplacer la chaise pour répartir les traces obtenues.

4. Lorsque votre enfant a terminé, étendez un torchon sous ses pieds et tenez-lui la main pour l'accompagner jusqu'à la cuvette d'eau savonneuse où il se lavera.

Variante

Les plantes de pieds peuvent être peintes au pinceau par l'enfant lui-même (toujours assis) ou l'adulte : attention, ça chatouille ! Pour laisser des empreintes de pas le long d'une longue bande de papier, chaussez votre enfant de bottes en caoutchouc ou de vieilles chaussures. Pensez aussi à cette solution si votre enfant refuse le contact direct avec la peinture.

lire, ça inspire !

Motifs, Catherine Bénas, Casterman, 2003.

Reflets

JEUX de lumière

Dès 4 ans

Les jeux de miroirs développent la créativité et l'esprit critique ; face à eux, l'enfant questionne, formule et résout des problèmes, et opère des connexions entre ses savoirs. Un bon usage des miroirs suscite l'intérêt, la concentration et la curiosité : en fournissant à l'enfant des vues inhabituelles du monde familier, ils constituent un vrai défi à son intelligence.

matériel

Grand miroir, miroir souple rectangulaire (par exemple Ikea), miroir à main, petits matériaux (pommes de pin, jolis cailloux…), récipients (plateaux de bois, corbeilles, ramequins transparents…).

1. Installé face au miroir avec votre enfant, amusez-vous à **mimer des sentiments familiers** : triste, content, effrayé… Laissez-lui éventuellement deviner et nommer l'émotion exprimée.

2. **Jouez au chef d'orchestre.** Exécutez un geste et laissez votre enfant vous imiter.

3. Un miroir oblong et souple peut être tordu entre deux baguettes, pour former **un miroir déformant** – concave ou convexe. Excitation garantie ! Encouragez votre enfant à décrire les formes, les tailles, les positions et les mouvements perçus. À quoi ressemble-t-il ? Comment se sent-il ?

Prolongement
Jouez ensemble, amusez-vous de vos reflets déformés et essayez de créer des figures amusantes en mêlant vos corps.

4. Les plus grands sauront réinvestir leur connaissance des miroirs dans leurs jeux d'imitation : proposez-leur de petits éléments pour jouer, manipuler et construire un monde sur une table devant un grand miroir : jolis cailloux, pommes de pin…, placés de manière attrayante dans des récipients. Étayez en incitant l'enfant à expliciter ses pensées, ses actes et les situations représentées. Invitez-le à décrire les différentes vues des objets manipulés (de derrière, de côté…).

5. Utilisez un petit miroir à main pour observer de menus objets ou des végétaux. Jouez aux devinettes : l'enfant saura-t-il prévoir la partie de l'objet que le miroir va renvoyer ?

lire, ça inspire !

Miroirs, Béatrice Poncelet, éditions Thierry Magnier, 2014.

Je suis vétérinaire

JEUX d'imitation

Dès 4 ans

S'imaginer dans la blouse d'un médecin développe l'empathie, et apprend à l'enfant à écouter les ressentis d'autrui. Le jeu fonctionne encore mieux si le patient est un animal !

matériel

Animaux en peluche. Cartons pour figurer les cages. Blouses blanches, bandages, grosses seringues sans aiguille, stéthoscope. Brosses et peignes. Dînette : nourriture, vaisselle. Blocs-notes, écritoire à pince, stylos, étiquettes.

1. En amont, **fabriquez quelques accessoires**, avec l'aide de votre enfant, comme des étiquettes décorées de symboles (os, forme géométrique…) en plusieurs exemplaires. Votre enfant pourra y « écrire » les noms des animaux qu'il soigne et les coller sur ses nounours, leurs cartons… Confectionnez des fiches de soins. Agrafez entre eux quelques feuillets à la manière de feuilles d'identité vierges (« Nom de l'animal », « Espèce », « Type de soins », etc.).

2. **Abordez la thématique** avec votre enfant et nourrissez la conversation par des questions ouvertes : « Comment sais-tu si ton animal est malade ? Où emmène-t-on les animaux malades ? Comment le vétérinaire aide-t-il les animaux ? De quelles espèces d'animaux un vétérinaire peut-il être amené à s'occuper ? », etc.

3. Proposez **les accessoires** à votre enfant. Laissez-lui le temps de les manipuler, donnez-lui les noms des éléments qu'il ignore et discutez ensemble de l'usage de chaque outil. Laissez-lui tout le temps nécessaire pour installer l'espace de jeu, en ne proposant votre aide qu'en cas de besoin.

4. **Endossez le rôle** d'une personne qui vient faire soigner son animal malade. Encouragez le développement langagier de votre enfant en l'invitant à vous raconter les événements du cabinet ou les progrès de ses patients.

Prolongement

Invitez votre enfant à classer des photographies d'animaux par espèces. Créez avec lui un livre maison sur les pages duquel il mettra en regard de chaque animal le soin adapté : « Si j'avais un chien, je le promènerais souvent », « Si j'avais un singe, je lui donnerai des bananes », etc. Laissez-le vous dicter le texte et illustrer l'album à sa guise (découpages, dessins…).

lire, ça inspire !

J'apprends à dessiner chez le vétérinaire, Philippe Legendre, Fleurus, 2012.

Bateaux sur l'eau

• JEUX • dehors

Dès 5 ans

Qui n'a jamais tenté de fabriquer un bateau de fortune à partir de matériaux naturels trouvés au bord de l'eau ? Voici quelques astuces de fabrication à transmettre à votre enfant : cette flotte ne sera peut-être pas à toute épreuve, mais le plaisir sera sauf !

matériel

Bouchons de liège, plumes, feuilles, écorces, brindilles, gousses, fleurs… Bâtonnets de glace, colle et pâte à modeler.

1 L'idéal, pour introduire cette activité, est de rebondir sur une découverte fortuite de votre enfant : en jetant une poignée de paille ou de feuilles dans une mare, il s'aperçoit que ces matériaux flottent. Peut-on fabriquer un bateau avec ? Comment ? Le petit radeau ainsi fagoté flotte-t-il ? Longtemps ? Jusqu'où va-t-il ? Quels sont les dangers qui le menacent ? Peut-on l'améliorer ?

L'étape suivante permet de réaliser une construction plus structurée. Installez les matériaux sélectionnés de manière attractive sur une table, et invitez votre enfant à les utiliser pour construire son bateau. Voici quelques pistes à explorer :

- Les bouchons de liège sont idéaux pour servir de structure de base (qui pourra ensuite être décorée).

- Pour le mât, pensez aux bâtonnets de glace, aux plumes et aux feuilles, éventuellement collés ou soudés avec de la pâte à modeler.

- N'hésitez pas à tester la flottaison des matériaux que vous avez sous la main (gousses, coques, graines…). Utilisez des herbes larges (de type chiendent) pour servir de liens.

Le test ultime consistera à mettre l'embarcation à l'eau… Que votre enfant ne soit pas trop déçu si elle coule ! Essayez de lui faire tirer les conclusions qui serviront à améliorer la prochaine fabrication…

La sécurité d'abord !
Au bord de l'eau, les enfants doivent toujours jouer sous haute surveillance.

2 Au bord de la mer, les débris variés que vous récoltez sur la plage peuvent servir de base à une construction flottante : plastique, bois flotté, coquillages… N'hésitez pas à vous investir en famille et à collectionner patiemment, tout au long de votre séjour, des matériaux intéressants, qui viendront s'ajouter progressivement à votre œuvre. Inaugurez tous ensemble votre navire le jour de votre départ lors d'une mise à l'eau théâtrale !

lire, ça inspire !

Mes petits bateaux : les impressionnistes au fil de l'eau, Éric Battut, l'Élan vert, coll. Pont des Arts, 2013.

Cubes et balles

Les cubes peuvent être réquisitionnés pour improviser de petits jeux traditionnels, et permettre à l'enfant de se défouler tout en faisant l'expérience des propriétés physiques des objets.

Le bowling

matériel

Gros cubes en bois et/ou en carton, balle en caoutchouc, Scotch d'électricien.

L'idéal serait d'articuler cette activité avec une sortie familiale au bowling – à défaut, montrez une vidéo à votre enfant. « Nous pourrions construire une piste de bowling, nous aussi ! Quels cubes allons-nous sélectionner pour construire la piste ? Et pour servir de quilles ? » Commencez par proposer cinq « quilles » au lieu de dix, et ajoutez-en, par petites quantités, en fonction des performances de votre enfant. Déterminez ensemble l'emplacement de la ligne à ne pas dépasser pour lancer la balle, et marquez-la par un trait de Scotch. Marquez également au sol la ligne derrière laquelle les cubes-quilles, posés à la verticale, trouveront place. Le but du jeu consiste à faire tomber les cubes en lançant la balle – octroyez à votre enfant autant de tirs que nécessaire.

Le labyrinthe

matériel

Gros cubes en bois, balle de ping-pong, paille à boire. Feuille de papier, crayon à papier. Craie.

Testez de petits labyrinthes simples avec votre enfant (à l'aide du livre cité ci-dessous par exemple). Puis dessinez ensemble un labyrinthe géant, et amusez-vous à suivre le chemin du doigt. Proposez ensuite à votre enfant de bâtir un vrai labyrinthe avec vos cubes : il s'agit de dessiner le parcours de son choix sur le sol à l'aide d'une craie, puis de bâtir un mur le long de la ligne tracée. Observez avec lui les labyrinthes précédemment explorés, et amenez-le à comprendre que les chemins se composent de lignes parallèles, avec un couloir au milieu : « Si je lance cette balle dans le labyrinthe, comment faire pour qu'elle ne s'échappe pas de tous les côtés ? » Construisez ensemble un mur parallèle au premier. Reste à essayer le labyrinthe, par exemple en soufflant sur une balle de ping-pong avec une paille.

Conseil
Avant de poser le Scotch sur le sol, faites un essai sous un meuble pour vérifier qu'il ne laisse pas de traces.

lire, ça inspire !

Le Grand Livre des labyrinthes, Kirsteen Robson, Usborne, 2015.

Comme en vrai

Les compétences langagières de l'enfant se développent en grande partie à travers le jeu symbolique. Voici le mode d'emploi pour construire des invitations à jouer attrayantes.

Quelques thématiques :

- *Maritime : figurines marines en plastique, galets, coquillages, algues découpées dans du plastique translucide, billes chinoises blanc irisé…*
- *Faune locale : figurines d'animaux connus de l'enfant, chutes de tissu et plateaux de bois pour le sol, cailloux, branches, mousse ou feuilles mortes, fleurs séchées, cubes et arc-en-ciel en bois…*
- *Maison à construire : petits personnages, cubes divers, anneaux en bois à empiler, paniers de pierres et de brindilles, arbres miniatures, petites échelles, petits meubles…*
- *Fermière : paille, épis, billes chinoises jaune vif et bleues, figurines d'animaux de la ferme, pierres, corbeilles de fruits véritables ou artificiels, pommes de pin, fleurs artificielles, chutes de feutrine verte, brune et bleue de formes variées…*

1 Rattachez votre proposition **à une expérience concrète**. Par exemple, une journée à la plage et une visite à l'aquarium dotent de sens une proposition sur un thème marin.

2 Avec l'aide de votre enfant, **installez les matériaux** sur une table basse, de manière à créer un petit univers. Voici quelques idées pour vous permettre de planter le décor :

- Recouvrez la table d'**une nappe** de couleur ou d'une natte à la texture ou aux motifs intéressants. Vous pouvez recouvrir le plateau d'une plaque de verre ou la parsemer de petits miroirs incassables.

- Disposez les matériaux et les figurines choisies de manière à **susciter l'envie de jouer** et de développer des scénarios. Pensez à varier les matériaux et essayez de proposer des éléments translucides (il est facile de découper des végétaux ou des personnages dans des intercalaires en plastique, par exemple). Complétez votre scène par un ou deux livres, documentaires ou non, se rapportant au thème choisi et adapté à l'âge de votre enfant.

- Le fil conducteur de ces univers peut aussi être **la couleur.** Essayez de ne proposer que des objets noir et blancs, ou restez dans un camaïeu (vert, orange…).

- Appuyez votre table contre un mur et **projetez-y** une image ou un film à l'aide d'un vidéoprojecteur. Choisissez des images apaisantes, qui serviront de toile de fond et planteront le décor : fonds marins, paysages de forêt, de désert…

3 **Laissez votre enfant investir ces invitations** comme il l'entend. N'hésitez pas à jouer avec lui : verbalisez les actions des figurines, prêtez-leur des sentiments et des intentions, imitez le cri des animaux… Observez ses préférences afin de rebondir sur elles lors de la prochaine invitation.

lire, ça inspire !

Dedans, Emmanuelle Houdart, Fani Marceau, éditions Thierry Magnier, 2006.

Écoute musicale, mode d'emploi

• JEUX • musicaux

Dès 5 ans

Dès son plus jeune âge, l'enfant vit dans un monde sonore et musical. En sélectionnant des morceaux à écouter lors d'activités ritualisées, l'adulte l'aide à développer le plaisir d'écouter et l'ouvre à l'émotion musicale. C'est aussi l'occasion de découvrir des genres, des voix, et d'apprendre à reconnaître des mélodies et des instruments.

matériel

Chaîne stéréo, disques.

Conseil

Pour apprendre à écouter : neutralisez les bruits annexes, et veillez à ce que votre enfant soit installé confortablement. Présentez-lui l'album, le titre et le nom des artistes. Précisez avant l'écoute l'objectif visé : « Écoutons bien, puis nous essaierons de parler de ce que nous avons entendu : bruits, animaux, instruments… » N'hésitez pas à varier les supports afin d'entretenir l'effet de surprise et le plaisir : chansons, bruitages, cris d'animaux, lotos sonores, voix des membres de votre famille… Pendant l'écoute, laissez l'enfant réagir librement (mimiques, imitations, rythmes avec les mains, le corps…).

1 Une fête peut être l'occasion d'**écoutes « événementielles »**. Ayez recours à des enregistrements thématiques qui prolongent émotionnellement l'événement. Soignez l'ambiance : pour un anniversaire, éteignez les lumières lorsque les convives sont installés autour de la table. Lancez la musique lorsque le gâteau arrive. Une fête est aussi l'occasion de découvrir d'autres traditions culturelles : ainsi, le jour de Noël, la famille réunie autour du sapin peut écouter des chants de tous les pays. Précisez toujours à votre enfant l'origine du morceau entendu et incitez-le à retrouver les thèmes similaires, les sons emblématiques (grelots, etc.).

Astuce

Pour préserver une bonne qualité d'écoute, l'ensemble de la séance ne doit pas excéder une dizaine de minutes.

2 Construisez un répertoire familial de **berceuses pour endormir ses poupées**. Apprenez-lui les berceuses les plus connues, ou celles qui ont marqué votre enfance, puis écoutez ensemble divers enregistrements de berceuses dans toutes les langues. Sélectionnez vos préférées avec lui et consignez-les dans un cahier. Votre enfant pourra ainsi, chaque soir, choisir celle que vous chanterez ensemble à sa peluche de prédilection.

lire, ça inspire !

Les Berceuses des grands musiciens, Collectif, Gallimard Jeunesse, 2000.

Collage premier âge

JEUX d'arts

Dès 2 ans

Coller est une des actions plastiques les plus complexes à maîtriser. Voici une situation qui permet d'isoler la difficulté et d'engager l'enfant dans un processus de création en toute autonomie.

matériel

Feuille de dessin type Canson, large Scotch double face, ciseaux, feutre rouge. Graines variées (lin, pavot, tournesol…) ou sable ; cuillère, petits récipients.

1 **Collez** sur toute la longueur de la feuille à dessin et à mi-hauteur une bande de Scotch double face. Tracez deux lignes rouges, juste au-dessus et au-dessous de la bande adhésive de façon à la rendre visible pour l'enfant. Ôtez la deuxième pellicule protectrice de Scotch. Répartissez les graines à coller dans de petits récipients, de manière à ce qu'elles soient faciles à attraper.

2 Invitez-le à **manipuler les matériaux** proposés dans les bols. Lorsque l'intérêt retombe, présentez-lui la feuille de papier et invitez-le à toucher la bande centrale : ça colle ! Posez la feuille bien à plat devant l'enfant et engagez-le à saupoudrer la zone collante de graines ; il peut choisir de les attraper entre ses doigts ou d'utiliser une cuillère.

3 Lorsque la bande est recouverte de graines, montrez à votre enfant comment **faire glisser** le surplus au-dessus d'un récipient.

4 **Fixez l'œuvre** terminée et sèche contre la vitre d'une fenêtre et observez ensemble la manière dont la lumière du jour, en passant à travers les minuscules interstices, la met en valeur.

5 Proposez à votre enfant de **passer lui-même l'aspirateur** pour ramasser les graines tombées au sol.

Variante

Le même principe peut être repris pour une œuvre monumentale : fixez au mur, à hauteur d'enfant, un large morceau de papier adhésif, face collante vers vous, et offrez de petits objets à coller : bouchons en plastique, plumes, boules de coton… Cette organisation est idéale avec plusieurs enfants, qui pourront ainsi travailler sur le même support et réaliser une œuvre collective.

Pour permettre de découvrir la sensation collante, fixez solidement un large morceau de papier adhésif au sol, face collante vers le haut, et engagez votre enfant à le toucher et à y marcher pieds nus.

lire, ça inspire !

Premiers collages, Mila Boutan, Mila éditions, 2006.

Explorations plastiques

JEUX de lumière

Dès 2 ans

La table lumineuse, au départ réservée aux professionnels, se démocratise et s'avère un merveilleux matériel pédagogique. Voici quelques idées d'exploitation si vous décidez d'en acquérir ou d'en fabriquer une.

matériel

Grand miroir, miroir souple rectangulaire (par exemple Ikea), miroir à main, petits matériaux (pommes de pin, jolis cailloux…), récipients (plateaux de bois, corbeilles, ramequins transparents…).

1 Vous pouvez proposer aux enfants de **travailler directement** sur table lumineuse à condition de n'utiliser aucun médium aqueux. Ils pourront dessiner sur du papier calque à la craie ou au pastel, sur des feuilles de plastique transparentes avec des feutres… Une autre option consiste à travailler dans un large bac transparent et peu profond, posé sur le plateau de la table. Tout devient alors possible, de l'aquarelle au « sable de lune » (voir la recette p. 33, « Séances modelage »)…

2 Par exemple, vous pouvez recouvrir le plateau de la table lumineuse d'une grande bâche en plastique incolore et étendre dessus, à l'aide d'un rouleau à pâtisserie, **une fine couche de matière à modeler** (argile ; pâte à modeler, pour la recette voir p. 56, « Apprendre à découper »…) qui masquera la lumière. Proposez à votre enfant de travailler la surface à la main ou avec des bâtonnets de bois arrondis (type bâtons de glace). Encouragez-le à citer ses actions (« pousser », « tapoter », « couper »…) et à observer ses traces qui apparaissent comme autant de petits dessins lumineux.

3 Si vous optez pour **une activité de peinture**, vous pouvez inviter l'enfant, toujours sur une bâche étanche, à manipuler des feuilles de papier essuie-tout dont les dessins et la trame deviennent visibles à la lumière. Lorsque l'intérêt retombe, introduisez une barquette de gouache et quelques pinceaux : la couleur paraît plus brillante appliquée sur une source lumineuse et le support un peu spongieux est une matière tout à fait intéressante.

4 Quelle qu'en soit la nature, les œuvres peuvent être placées, une fois achevées, sur le plateau de la table lumineuse pour être **exposées** en lumière : les motifs, les couleurs et les textures seront mis en valeur et attireront l'attention des membres de la famille, que vous aurez conviés au « vernissage ».

Astuce
Pour fabriquer votre propre table lumineuse, enfermez une ou deux guirlandes électriques à LED (type guirlande de Noël) dans une boîte en plastique opaline. Ménagez un trou pour passer les fils afin de pouvoir les brancher. Utilisez la table dans une ambiance tamisée, et non dans l'obscurité complète, afin de ménager la vue de votre enfant.

Prolongement
Pensez toujours à garder trace du travail effectué. Photographiez les enfants à l'œuvre, imprimez et collez les photos sur une affiche, avec, en vis-à-vis, les œuvres réalisées. Parallèlement, enregistrez votre enfant en train de décrire ses actions et ses intentions et reportez ses paroles sur le panneau.

lire, ça inspire !

Le Dessin des enfants du monde, Benoît Delalandre, Anna Castagnoli, Libra Jeunesse, 2006.

Les moyens du bord

• JEUX • d'éléments

Dès 5 ans

Une grande variété de matériaux de construction nourrit les jeux imaginatifs, mais il y a des jours où l'inspiration parentale est en berne. Voici une boîte à outils dans laquelle piocher pour susciter l'intérêt des petits bâtisseurs, avec les moyens du bord !

1 Réorganiser rapidement **l'espace « cubes »** dans la chambre de votre enfant suffira certainement à relancer son intérêt pour cette activité : disposez par catégories une grande quantité de cubes variés dans de petits paniers. Décorez les murs d'images de ponts, de tunnels, de viaducs et de routes, qui inspireront peut-être ses productions. N'oubliez pas de disposer dans cet espace quelques paniers d'accessoires (animaux miniatures, petits véhicules et panneaux de signalisation, figurines et meubles de poupées…).

2 **Créez une ville** en utilisant des cartons pour représenter les magasins, les habitations et les institutions, que votre enfant peut peindre ensuite. Il peut réaliser ses nuances de couleurs en mélangeant les couleurs primaires, le blanc et le noir entre eux.

Astuce
Apportez des nuanciers (disponibles en magasin de bricolage) pour que votre enfant puisse, en tâtonnant, se rapprocher au mieux des couleurs qu'il préfère.

3 **Édifiez un château :** évidez le sommet d'une boîte en carton et demandez-lui de vous aider à coller quatre rouleaux dans les angles. Proposez ensuite des tubes en carton de toutes tailles (rouleaux d'essuie-tout ou de gros Scotch vides) et des miroirs incassables (pour faire office de paliers), pour qu'il puisse construire le plus grand château du monde. Invitez-y ensuite les petites poupées ou peluches de votre enfant pour une fête retentissante !

4 **Construisez des bâtiments**, des ponts, etc. en collant entre eux des formes de papier coloré (type Canson) préalablement découpées (rectangles, arcs…). Cette activité suggère de passer de la 2D à un volume, mais veillez à accepter toutes les propositions de votre enfant s'il fait d'autres choix.

5 Montrez-lui comment rouler **des feuilles de papier journal** de manière à obtenir de longs tubes, que vous fixerez avec un morceau de Scotch. Assemblez ensuite ces tubes ensemble, à l'aide de Scotch ou d'agrafes, selon l'âge de l'enfant : voilà un matériau idéal pour construire des structures en volume ! Un jeu similaire peut être mené en format réduit, en emboîtant des pailles à boire.

Lire, ça inspire !

La Maison à petits pas, Olivier Mignon, Aurélie Lenoir, Actes Sud Junior, 2008.

Que fait ma main ?

Cette activité révèle à l'enfant les multiples ressources de sa main et de ses doigts. Elle favorise l'expression sonore et développe la précision des gestes. Sur un même instrument, chaque action correspond à un son : les gestes deviennent de véritables outils de recherche.

matériel

Quelques petits instruments de percussion (triangle, tambourin…), un sac en plastique bruissant.

Que fait ma main ?
Elle caresse : doux, doux, doux !
Elle pince : ouille, ouille, ouille !
Elle chatouille : guili, guili, guili !
Elle gratte : grr, grr, grr
Elle frappe : paf, paf, paf !
Elle frotte, frotte, frotte, frotte !
Elle danse : hop, hop, hop !
Au revoir ! Elle s'en va…

1 **Récitez la comptine** en la mimant : une main caresse, pince, chatouille, etc. le dessus de l'autre main. À la fin, la main s'agite pour dire « au revoir » et disparaît derrière le dos. Votre enfant prendra plaisir à vous imiter et connaîtra rapidement l'enchaînement par cœur.

2 **Proposez de petits jeux** de quelques minutes autour de cette comptine. Faites un geste en demandant « Que fait ma main ? », et laissez l'enfant répondre : « Elle frappe. » À l'inverse, énoncez une action, et laissez l'enfant la mimer.

3 **Introduisez un petit instrument** – ou plusieurs – et demandez à l'enfant de produire un son en utilisant un geste connu : « Frotte le bâton de pluie », « Frappe la clochette », « Gratte le tambourin », etc. Certaines actions ne produisent pas de son sur certains instruments, aidez votre enfant à verbaliser ses découvertes et ses préférences.

4 Demandez-lui de s'installer sur ses genoux et **posez un sac en plastique** devant lui. Récitez la comptine ensemble, en vous attardant après chaque phrase, pour laisser le temps à l'enfant d'illustrer l'action en manipulant son sac, de chercher des variantes, d'écouter et de comparer les sons produits.

Prolongement
Si vous avez plusieurs instruments de musique (authentiques ou faits maison) à votre disposition, l'enfant peut essayer de les trier selon leur famille : les instruments dans lesquels on souffle, ceux que l'on pince, ceux que l'on frappe…

lire, ça inspire !

Le Toucher et le Corps, Pascal Desjours, Charlotte Roederer, Albin Michel Jeunesse, 2000.

SEMAINE 27

Mes petits métiers

Endosser une profession le temps d'un jeu fait grandir ! Quel que soit l'univers préféré de votre enfant, voici des idées de matériaux et d'activités qui vous permettront de nourrir son engouement.

Le détective

matériel

Long manteau, chapeau. Loupe, bloc-notes et stylos. Objets divers (pour les indices !).

Invitez votre enfant à imprimer ses empreintes digitales en pressant ses doigts dans un encrier. Organisez une chasse aux indices : cachez dans votre jardin des objets que l'enfant doit retrouver en s'aidant d'une « carte des indices » (« Regarde sous la gouttière de notre cabane »...). Écrivez un message secret au jus de citron ou au lait, qui n'apparaîtra que sous une lampe !

Le dentiste

matériel

Blouse blanche. Masque en papier, gants en caoutchouc, mouchoir en papier, brosses à dents, plateau et verre en plastique, soucoupes. Calepins, fausses ordonnances. Brochures de santé dentaire, grosse mâchoire en plastique, poster dentaire...

Montrez à votre enfant comment se brosser les dents et vérifiez l'efficacité de son brossage à l'aide d'un comprimé révélateur de plaque dentaire (disponible en pharmacie). Fournissez-lui aussi de petits objets à brosser à l'aide d'une vieille brosse à dents et de savon liquide.

Le banquier

matériel

Boîtes et caisse enregistreuse, porte-monnaie, portefeuille, calculatrice, vieilles cartes de crédit, fausse monnaie, faux carnet de chèque. Frise numérique. Papier, stylos, agendas.

Votre enfant peut dessiner sa propre monnaie : procurez-lui pièces et billets (européens ou étrangers) pour l'inspirer. Jouez au jeu de change pour apprendre les équivalences monétaires (un billet de 10 équivaut à deux billets de 5...). Confectionnez un livre maison, écrit et illustré par votre enfant, à la structure répétitive : « Si j'étais millionnaire, je... ».

lire, ça inspire !

200 métiers autour de toi, Nadine Mouchet, Sophie Bordet, Gallimard Jeunesse, 2008.

Le cowboy

matériel

Bottes, pantalons à franges, chapeau de cowboy, bandanas. Tente, sacs de couchage, ustensiles de camping, cantine en métal, écuelles et bidons, dînette. Cheval-bâton, guitare (découpée dans du carton), bûches, bâtons calcinés, corde.

Organisez un feu de camp dans votre jardin, et invitez vos amis musiciens ! Encouragez enfants et adultes à raconter une histoire – il peut s'agir d'un récit collectif, dont chacun raconte un morceau en passant le relais. La plus réussie pourra être rédigée et illustrée pour confectionner un livre.

Le mécanicien

matériel

Casquette, large T-shirt, salopette. Véhicules porteurs. Bidons d'huile vides et propres, outils. Notice automobile. Clefs, enjoliveurs, pièces détachées, volants. Étiquettes.

Enseignez à votre enfant le nom des outils et essayez, dans la mesure du possible, de lui permettre de les utiliser dans des situations authentiques, mais sécurisées et sous haute surveillance.

Rétroprojecteur et mathématiques

À l'instar de la table lumineuse, le rétroprojecteur est aujourd'hui considéré comme un outil pédagogique. Elle permet non seulement les explorations sur plateau, mais aussi les projections sur un mur perpendiculaire. Idéale pour les explorations sensorielles et la construction du lien de cause à effet !

1 Utilisez **des formes géométriques translucides** en plastique rigide pour inciter votre enfant à découvrir ces figures par la vue et le toucher et à apprendre leurs noms. Vous pouvez également les découper dans des intercalaires colorés. Ces formes seront assemblées sur le plateau du rétroprojecteur pour produire de grands dessins, à la manière des tangrams ou des mandalas. N'hésitez pas à fournir le matériel nécessaire à la représentation des détails : des boutons ou des couvercles deviennent des yeux ou des roues, des feuilles ou des marrons plantent le décor ou simulent une chevelure, des bribes de dentelle figurent des vêtements ou des paysages…

2 Pour amener les enfants à reconnaître **les différentes formes** en s'amusant, posez une forme géométrique translucide sur le plateau du rétroprojecteur. Recouvrez-le d'un morceau de carton opaque, et découvrez la forme cachée tout doucement, centimètre par centimètre, aux yeux de votre enfant, qui, en vous tournant le dos, cherchera à deviner son nom en observant l'image projetée.

3 Proposez sur le plateau du rétroprojecteur **une série d'objets incitant au dénombrement** : trois coquillages, trois squelettes de feuilles, trois boutons, trois billes chinoises, etc. Ou alors : une pomme de pin, deux galets, trois jetons transparents, quatre carrés taillés dans des intercalaires en plastique, cinq petits personnages, etc. Vous pouvez aussi, avec des enfants trop jeunes pour dénombrer, proposer les objets deux par deux sur le plateau lumineux, et les inviter à les ranger par paires.

Conseil
N'hésitez pas à mêler des éléments opaques aux éléments translucides, afin d'interpeller les sens.

Astuce
Vous pouvez chiner votre rétroprojecteur d'occasion ou le louer : renseignez-vous auprès de votre mairie, certaines en louent aux particuliers à des prix intéressants.

4 Découpez **les chiffres de 0 à 9** dans des intercalaires colorés et invitez votre enfant à les appareiller avec les ensembles d'objets correspondants (billes chinoises, jetons translucides…).

Variante
Toutes ces activités peuvent être proposées sur une table lumineuse.

lire, ça inspire !

Maïa qui aime les chiffres, Romana Romanyshyn, Andriy Lesiv, Rue du Monde, 2014.

Haut comme trois cubes

• JEUX •
de cubes

Dès 3 ans

Les premières mesures ne se font pas à l'aide d'une règle graduée, mais en comparant les tailles d'objets familiers. Les cubes constituent un merveilleux matériel de mesure, et le fait de les rapporter à sa propre taille est un facteur motivant !

matériel

Une vingtaine de gros cubes en carton ou cubes de fabrication maison (petites boîtes à chaussures ou briques de lait remplies de papier froissé et recouvertes de papier adhésif décoratif).

1 Invitez votre enfant à jouer avec les cubes. Observez ses actions, et s'il empile, encouragez-le. Lorsqu'il a empilé plusieurs cubes, demandez-lui : « Quelle est la hauteur de cette tour ? » Placez votre main au niveau du cube le plus haut et commentez : « **Elle est haute comme ça**. » Déplacez votre main, en conservant sa distance au sol, vers le corps de votre enfant : « Elle t'arrive à la cuisse. Tu as fait une tour aussi haute que ça. »

2 Encouragez votre enfant à construire **le plus haut possible** : « Peux-tu placer encore un cube au sommet ? Peux-tu construire plus haut ? » À chaque fois que votre enfant ajoute un cube, reprenez la mesure : « Quelle est la hauteur de la tour, maintenant ? Regarde, elle t'arrive à l'épaule à présent ! »

3 Répétez cette situation plusieurs fois, en construisant de nouvelles tours, tant que le plaisir dure. Vous pouvez également lancer de **petits défis** : « Peux-tu construire une tour qui t'arrive au niveau du front ? Peux-tu construire une tour qui monte jusqu'au plafond ? »

Variante

« Gonflez » la taille des constructions en proposant à vos enfants de bâtir sur une table basse, un escabeau... À deux, ils pourront essayer de se mesurer l'un et l'autre en édifiant deux tours de gros cubes (tous identiques) à leurs côtés. Il vous suffira de les compter ensuite pour exprimer la taille de chacun en unité « cube » ! Pour les plus grands, disposez des objets du quotidien dans un panier et faites-les mesurer à l'aide de petits cubes (tous identiques également).

lire, ça inspire !

Je mesure tout !, Mireia Trius, Oscar Julve, Seuil, 2011.

Planter sa tente

• JEUX • d'imitation

Dès 4 ans

SEMAINE 28

L'environnement extérieur est un excellent stimulant pour les jeux d'imagination – auquel on pense généralement assez peu. Comme toujours dans ce type d'activité, n'hésitez pas à endosser un rôle pour aider votre enfant à rentrer dans le sien, mais sachez aussi modérer votre participation et vous mettre entre parenthèses pour le laisser prendre les rênes.

matériel

Vieilles couvertures et draps propres. Corde. Équipement de camping : sacs de couchage, boîtes alimentaires et bouteille isotherme, panier de pique-nique, sac à dos…

1. Abordez avec votre enfant le thème **du camping** : « Où vont les gens quand ils campent ? Qu'emportent-ils ? Dans quoi dorment-ils ? » Évoquez ce qu'on fait quand on campe : dormir dehors, faire un feu, rôtir des guimauves, raconter des histoires, chanter des chansons…

2. Montrez-lui **les fournitures** que vous avez réunies – sans doute devrez-vous ajouter des objets en fonction des idées qui seront survenues dans la discussion. Un jour de beau temps, transportez ce matériel dehors, aidez votre enfant à choisir son emplacement et à étendre une couverture au sol. Laissez le jeu se développer à partir de la manipulation des objets.

3. Assistez l'enfant si nécessaire dans l'installation du camp en construisant une tente (en jetant une couverture sur une corde tendue entre deux arbres, par exemple).

4. Interprétez un rôle pour nourrir le jeu. Par exemple, un autre campeur : « Mmm ! Je commence à avoir faim. Et si nous faisions un feu pour préparer un repas ? Quelqu'un a-t-il apporté à manger ? » Ou imaginez que la nuit tombe et que vous êtes un peu effrayé : « Je n'ai pas trop envie de dormir dans ma tente tout seul. Est-ce que quelqu'un pourrait me raconter une histoire ? » Jouez aussi longtemps que l'intérêt de votre enfant perdure.

Prolongement
Certains enfants très enthousiastes souhaiteront garder leur installation en l'état pour la retrouver le lendemain. Prolongez alors le jeu de plusieurs jours !

lire, ça inspire !

Le Premier Camping de Nao, Hakiko Hayashi, L'École des loisirs, 2014.

Papillons de nuit

JEUX dehors

Dès 6 ans

L'attraction irrésistible des papillons de nuit pour la lumière les rend faciles à observer. Choisissez une nuit d'été chaude et humide pour réaliser le « piège » suivant… totalement inoffensif, bien sûr !

matériel

Vieux drap blanc, ficelle ou corde à linge, sardines de tente. Lampes torches.

1. **Fabriquez le « piège »** : suspendez un drap blanc sur la corde à linge de votre jardin, et écartez ses deux pans de manière à former une tente. Les deux bords doivent toucher le sol : fixez-les dans la terre à l'aide de sardines ou de grosses pierres. Sous ce toit improvisé, creusez deux cavités dans le sol pour y placer les lampes torches (enveloppez-les préalablement de plastique pour ne pas les salir), orientez les faisceaux de lumière vers l'intérieur de la tente.

2. **Observez les insectes** attirés par la lumière, et expliquez à votre enfant qu'ils la confondent avec la clarté de la lune qui leur sert de point de repère dans leurs déplacements.
Les observations seront plus riches si elles ont lieu à la nuit noire (vers 23 heures). Enfin, soyez patients ! Il faudra une heure ou deux pour que le « piège » grouille d'insectes nocturnes.

3. **Attirez l'attention** de l'enfant sur les insectes qui se posent sur le drap : combien d'espèces différentes peut-il repérer ? Aidez-le à décrire les papillons observés, à rechercher leurs noms dans un guide, et à les dessiner.

Variante
Ce « piège » peut être réalisé en forêt, dans une tourbière… afin d'observer la diversité de la faune locale.

La sécurité d'abord !
Cette activité est à réaliser sous la surveillance d'un adulte, et jamais par temps de pluie.

lire, ça inspire !

Papillons de nuit d'Europe, Patrice Leraut, Gilbert Hodebert, N.A.P., 2006.

Ma cabane

• JEUX •
de cubes

Dès 3 ans

Utiliser les cubes comme des Lego géants pour construire sa propre maison est un jeu très attrayant pour les enfants de tous âges. Voici trois versions, à la difficulté progressive, de ce jeu ancestral.

matériel

Grands cartons, cubes en carton ou en mousse, caisses en bois, couvertures….

❶ **Dès 3 ans**. Avec les plus petits, utilisez un très grand carton comme base (ayant contenu un réfrigérateur ou une machine à laver par exemple) : suivez les instructions de votre enfant pour découper les portes et les fenêtres vous-même, à l'aide d'un cutter, aux emplacements qu'il souhaite. Fournissez-lui ensuite le matériel nécessaire à décorer sa « maison » : gouache, pinceaux, feutres, etc. Dans un second temps, proposez de gros cubes en carton ou en bois pour construire trottoirs, rue, meubles…

Variante
N'hésitez pas à convertir la cabane en « tunnel » si votre enfant souhaite y faire passer ses petites voitures !

❷ **Dès 4 ans**. Disposez, dans un espace de votre maison préalablement dégagé pour l'occasion, de gros cubes en carton ou en mousse (vous pouvez les fabriquer à partir de briques de lait ou de chutes de matelas en mousse), une couverture, de grandes feuilles de papier (papier cadeau, papier kraft…). Laissez à votre enfant la liberté d'utiliser ces matériaux pour construire une cabane. Observez ses constructions, et n'intervenez que pour relancer son action : « Par où vas-tu entrer et sortir ? Penses-tu pouvoir construire ce mur assez haut pour te tenir debout dans ta cabane ? »

❸ **Dès 5 ans**. À l'extérieur, proposez, de manière attrayante des grands cartons, de gros cubes et des caisses en bois (type caisses à vin), des planchettes, une vieille couverture. N'oubliez pas le véhicule (brouette ou chariot d'enfant) qui permettra de déplacer tous ces matériaux aux quatre coins du jardin. Observez les idées de votre enfant, et conseillez-le si vous sentez qu'il éprouve des difficultés à entrer dans l'activité : vous pouvez par exemple ériger un poste d'observation des oiseaux, bâtir de longues routes sur lesquelles rouleront son vélo ou ses petites voitures, inventer des stations services (avec réservoirs d'essence et station de lavage), ou même créer des véhicules (trains, avions, bus…).

lire, ça inspire !

Ernest et Célestine, la cabane, Gabrielle Vincent, Casterman, 2014.

Voici de l'art

• JEUX • d'arts

Dès la naissance

Observer des œuvres d'art et en parler avec les enfants est une activité aussi agréable qu'éducative. Que vous ayez accès aux plus prestigieux musées ou que vous ayez simplement emprunté quelques livres à la bibliothèque, exposer votre enfant aux œuvres et aux artistes majeurs lui permet de voir le monde avec d'autres yeux.

- **Avec les 0-3 ans.** Les bébés sont généralement attirés par les œuvres dans lesquelles ils reconnaissent des objets familiers. Certains tout-petits vouent une passion exclusive à une couleur, un objet ou un personnage ; il est alors facile de proposer des œuvres reprenant leur thématique favorite.

- **Avec les 3-6 ans.** Exposé régulièrement aux œuvres d'art, le petit enfant développe rapidement des préférences marquées pour certains artistes ou certains styles, dont l'adulte peut partir pour amener l'enfant à créer son propre bagage culturel. En pratique, après l'avoir laissé observer une œuvre silencieusement, vous pouvez l'aider à structurer son ressenti en lui posant des questions ouvertes : « Que vois-tu ? Que se passe-t-il dans cette scène ? Quelles couleurs voit-on surtout ? Quels sont les objets représentés ? Est-ce que ces personnages te font penser à quelqu'un que tu connais ? Qu'est-ce que tu aimes dans cette œuvre ? »

Prolongement
Plus tard, vous remplacerez chaque œuvre rencontrée dans son contexte historique et politique sur le mode du jeu. L'enfant devine à quelle époque appartient un tableau et part à la chasse de références culturelles cachées – l'art « officiel », en particulier celui du XIXe siècle, est un vrai régal de ce point de vue.

- **Avec les 6-10 ans.** Peu à peu, l'enfant fait de plus en plus de place, dans ses réponses, à ses émotions personnelles. C'est le moment d'approfondir les caractéristiques des courants majeurs et d'attirer son attention sur les choix techniques des artistes. Un enfant qui pratique les arts plastiques et a l'occasion de développer son propre savoir-faire est rapidement enclin à analyser les œuvres des autres d'un point de vue technique. N'hésitez pas à lui demander si telle œuvre de maître lui rappelle un de ses travaux personnels : ramener à soi est encore la manière la plus efficace de s'approprier un artiste.

lire, ça inspire !

Du coq à l'âne, les animaux racontent l'art, Claire d'Harcourt, Le Funambule, 2002.

Sculptures de boue

JEUX dehors

Dès 2 ans

La boue est un matériau de modelage parfait, à condition qu'elle ait la bonne consistance, ni trop collante, ni trop dure. N'hésitez pas à fabriquer vous-même votre boue idéale en mélangeant terre et eau. Les pistes suivantes vous aideront, vous et votre enfant, à mettre la main à la pâte…

- **Exploration libre**. Si votre enfant n'a jamais eu l'occasion de manipuler de la boue, proposez-lui d'abord de la manipuler, sans autre objectif que celui de la découverte sensorielle.

- **Boules**. Montrez à votre enfant comment façonner des boules de boue entre ses mains. Puis habillez-les de mousse, de feuilles, de débris d'écorce…, et empilez-les pour créer des personnages.

- **Gâteaux**. Confectionnez avec votre enfant des tartes et des gâteaux de boue ; mobilisez quelques éléments de dînette ou de vaisselle si nécessaire. Superposez les couches de terre de différentes couleurs dans un récipient transparent, décorez votre œuvre de « bougies » de plumes, de noix, de graines, de cailloux…

- **Moulages**. Réalisez des moulages à l'aide de petits moules pour bacs à sable. Si votre terre est argileuse, ils pourront même se conserver après séchage. Le château de sable traditionnel peut aussi être réalisé avec de la boue !

- **Dessins**. Avec un bâton, tracez des lignes dans la boue fraîche. Vous pouvez aussi « peindre » sur une pierre ou une écorce en trempant l'extrémité d'une plume ou d'une brindille dans la boue, voire réaliser des empreintes de mains ou de pieds (sur pierre, sur papier, sur corps…).

- **Craquelures**. Recouvrez de boue argileuse une grosse pierre ronde. En séchant, la boue va former des craquelures aux dessins intéressants…

- **Construction**. Des briques de terre miniatures peuvent être fabriquées en les moulant dans un bac à glaçons (le résultat sera plus probant si vous utilisez une terre argileuse). De la boue assez épaisse peut également servir de mortier pour souder des cubes lavables ou des petits pavés.

Variante
En ville, la terre mélangée d'eau peut être proposée dans un grand bac posé au sol, sur une bâche (pour plus de précisions, voir p. 86 « La tarte taterre »).

lire, ça inspire !

Copain des bois, Renée Kayser, Natacha Scheidhauer-Fradin, Milan, 1993.

Un cadran solaire

Voici un projet concret pour observer le monde, formuler, vérifier des hypothèses et approfondir sa connaissance des jeux d'ombres. À réaliser sur plusieurs jours, par beau temps.

matériel

Boîte cylindrique en métal vide (café, lait maternisé, bouillie…). Plâtre. Tringle ou bâton de 60 cm environ. Douze pierres, craie, marqueur tout support.

1 Attirez l'attention de votre enfant sur **les ombres dans la pièce** : peut-il retrouver de quels objets elles sont les ombres ? Comment le sait-il ? Lancez-lui le défi suivant, et n'hésitez pas à sortir au soleil pour cette phase de l'exploration : « Peux-tu me montrer ton ombre ? Comment fais-tu pour faire une ombre ? Qu'arrive-t-il aux rayons du soleil quand une ombre se forme ? » Si nécessaire, aidez votre enfant à formuler la conclusion selon laquelle une ombre se forme lorsque les rayons du soleil sont bloqués par un objet.

Le jour suivant, amenez-le à constater que les ombres **se déplacent** tout au long du jour. Placez un objet à la forme découpée (sculpture, vase, instrument de musique…) debout derrière une fenêtre bien exposée, ou sur votre terrasse. Tôt le matin, montrez-le à votre enfant et invitez-le à tracer le contour de l'ombre de l'objet au sol à l'aide d'une craie. Une heure plus tard, constatez ensemble le nouvel emplacement de l'ombre et marquez-le à nouveau à la craie. Réitérez régulièrement l'opération tout au long de la journée.

2 Le soir venu, expliquez à votre enfant que dans le passé, les hommes utilisaient les ombres des objets pour connaître l'heure, parce qu'ils savaient que les ombres se déplacent tout au long du jour. Proposez-lui de fabriquer sa propre **« horloge des ombres ».** Commencez par construire ensemble votre repère, en plantant un bâton au centre d'une boîte cylindrique en métal remplie de plâtre.

3 **Le lendemain**, placez le bâton dans un emplacement ensoleillé, soit à l'extérieur, soit derrière une fenêtre bien exposée. Demandez à votre enfant de tracer au marqueur, sur une pierre, le chiffre correspondant à l'heure (par exemple, un 8, s'il est 8 h 15), puis de placer cette pierre au sommet de l'ombre formée par le bâton. Une heure plus tard, marquez à nouveau l'emplacement de l'ombre à l'aide d'une pierre marquée d'un 9, et ainsi de suite tout au long de la journée.

4 **Laissez l'installation du jour en place**, et vérifiez, le lendemain, que les ombres du bâton correspondent à nouveau aux emplacements marqués aux mêmes moments de la journée. Complétez le cadran pour utiliser la totalité des douze pierres.

Variante
Si votre enfant ne sait pas écrire les nombres de 1 à 12, demandez-lui de faire autant de petits dessins (traits, croix, cercles…) sur la pierre.

lire, ça inspire !

L'Heure et le temps qui passe, André Verdet, Céline Bour-Chollet, Gallimard Jeunesse, 1992.

10
9
8
7
6
5
4
3
2
1

Sans les yeux

Proposez à votre famille de déguster un repas les yeux bandés ; elle sera surprise de la saveur que prennent les aliments sous la langue ! Un nouveau monde s'ouvre à vous lorsque vous fermez les yeux… L'activité suivante permettra à votre enfant de s'initier à ce nouvel univers sensoriel.

matériel

Bandeau pour les yeux, petit instrument à percussion (maracas, claves…).

La sécurité d'abord !
Cette activité peut aussi être pratiquée à plusieurs, à condition qu'il y ait suffisamment de personnes « voyantes » pour assurer la sécurité des joueurs.

1 Expliquez à votre enfant que vous allez jouer dehors, à un jeu spécial qui demandera beaucoup d'écoute et de calme. **Bandez-lui les yeux**, en lui assurant que vous ne le quitterez pas des yeux pendant la séance, que vous veillerez à sa sécurité.

2 Il doit rester debout, immobile, et commencer à bouger lorsqu'il entendra le son que vous émettrez avec votre petit instrument. Précisez qu'il ne s'agit pas d'une course de vitesse, et que **c'est en prenant le temps d'analyser** les informations reçues qu'il aura l'opportunité de se rapprocher de l'instrument, puis de le toucher. Frappez un coup toutes les cinq ou dix secondes, de manière irrégulière, mais assez souvent pour mettre l'enfant en mouvement. Adaptez l'ampleur de vos déplacements à son âge.

3 Lorsque votre enfant parvient à **toucher l'instrument**, la manche est finie. Intervertissez alors les rôles, votre enfant jouant le rôle du meneur pendant que vous le cherchez en aveugle. Si vous jouez à plusieurs, demandez à ceux qui ont réussi à toucher la source du bruit d'ôter leur bandeau en silence et de s'asseoir calmement par terre pour observer la suite du jeu.

4 Prenez le temps d'**échanger** ensuite sur vos sensations.

Variante
Servez de guide à votre enfant lors d'une courte promenade en aveugle : proposez-lui de toucher des textures variées dont il devra deviner la provenance (mousse, roche…). Le jeu de devinette peut s'étendre à l'odorat : saura-t-il reconnaître les herbes aromatiques du jardin, le parfum de l'épicéa ou celui des fleurs du parc ?
Pour d'autres jeux en aveugle, voir p. 134, « Mon arbre, du bout des doigts ».

lire, ça inspire !

Le Livre noir des couleurs, Menena Cottin, Rosana Faria, Alain Serres, Rue du monde, 2007.

Orchestre de cuisine

• JEUX • d'éléments

Dès 5 ans

Ce type d'activité, en rendant l'enfant et sa famille acteurs, contribue à désacraliser la production musicale. Oubliez vos éventuels complexes, et prenez plaisir à découvrir, aux côtés de votre enfant, le pouvoir que vous avez sur les sons et leurs inflexions.

matériel

Ustensiles de cuisine de récupération, de matériaux variés : métal, bois, plastique. Ustensiles troués : cuillère à trou, écumoire, passoire à thé... Brosses, fouet à main, cuillères, entonnoir, doseur à spaghettis, baguettes chinoises...

1 **Consacrez un panier** aux ustensiles de cuisine que vous donnerez à votre enfant, et laissez-le manipuler librement pendant plusieurs jours. Dans la mesure du possible, proposez aussi parfois ce panier en extérieur.

2 Lorsque votre enfant connaît bien le contenu de son panier, asseyez-vous avec lui pour explorer les ustensiles **d'un point de vue sonore**. Comment peut-on faire pour produire des sons avec ces outils ? Quels sont les outils favoris à l'oreille de votre enfant ? Invitez-le à exprimer ses préférences et à opérer un choix parmi les ustensiles.

3 Aidez votre enfant à fixer sa sélection **le long d'une ficelle**, qui sera tendue au jardin entre deux poteaux ou deux arbres. Proposez ensuite de choisir les instruments avec lesquels frapper.

4 Laissez votre enfant **expérimenter** les sons produits, les rythmes et les gestes par lesquels il transforme ces ustensiles en batterie d'un nouveau genre.

Prolongement

Fabriquez, avec l'aide de votre enfant, de petites « maracas » à secouer : dans de petites boîtes en plastique ou de mini-bocaux (type pots de bébé), disposez une poignée de noix, glands ou haricots secs, quelques boutons ou bouchons de liège... (voir p. 172, « La fabrique à musique »).
Un élastique solide enroulé autour d'une boîte à chaussures sans couvercle peut devenir un instrument à corde intéressant.
Collectionnez différents contenants (pots en grès, casseroles...) qui, frappés avec une cuillère en bois, rendront des sons variés.
Suspendez des grelots aux arbres un jour de grand vent et profitez du concert en famille !

lire, ça inspire !

L'Imagerie de la musique, Colette Hus-David, François Ruyer, Fleurus Jeunesse, 1996.

Robotique

• JEUX • musicaux

Dès 5 ans

Voici une séquence distrayante qui ravira tous les enfants, même les plus réfractaires à l'univers de la danse. Participez activement, votre enthousiasme sera communicatif !

matériel

Lecteur CD. Plusieurs disques de musique électronique. Quelques jouets mécaniques et/ou des instruments simples de la vie de tous les jours (batteur à œufs à manivelle, couvercle d'essoreuse à salade, ventilateur…).

1. **Libérez** de l'espace dans votre salon. N'hésitez pas à solliciter tous les membres de votre famille, ou à inviter des petits amis.

2. Asseyez-vous sur le sol, ainsi que votre enfant, et présentez-lui **les machines** que vous aurez rassemblées : « Comment ça fait, pour bouger ? » Observez de près le mouvement des jouets mécaniques et essayez de le décrire ensemble : « C'est saccadé, c'est raide, c'est rapide puis lent… Ça tourne, ça marche, ça tombe, ça s'arrête, ça se répète… »

3. Invitez votre enfant à **imiter ce type de mouvement** : « Comment marcherais-tu si tu étais un robot ? Et si tes piles étaient très usées ? » Revenez à l'observation du mouvement des objets aussi souvent que nécessaire pour affiner et relancer la recherche gestuelle. N'hésitez pas à enrichir le répertoire de votre enfant en lui suggérant d'autres modèles : « Et si on bougeait comme une éolienne ? Comme une marionnette ? »

4. **Lancez le jeu** : invitez chacun à prendre sa place dans l'espace, de manière à pouvoir bouger confortablement sans gêner son voisin. « Je vais mettre de la musique. Lorsqu'elle démarre, nous nous transformons en machine, et nous bougeons comme une machine. Lorsque la musique s'arrête, nous nous figeons comme une statue. »

5. Ménagez **un retour au calme** : passez un morceau paisible au tempo de moins en moins rapide, et dansez ensemble très lentement, pour terminer la séance assis ou allongés au sol.

Variante

N'hésitez pas à créer votre propre bande musicale en alternant des temps de danse d'une ou deux minutes, et des pauses d'une quinzaine de secondes. Un autre jour, vous pouvez décider de construire une machine à plusieurs, c'est un excellent exercice de coordination.

lire, ça inspire !

Tobor, *U.G.*, Seuil Jeunesse, 2004.

Jour de lessive

• JEUX • d'imitation

Dès 4 ans

Cette activité permet de faire « comme les grands » tout en s'amusant, de travailler la discrimination visuelle, la motricité fine et d'enrichir le vocabulaire.

matériel

Deux corbeilles à linge. Chaussettes, mouchoirs et petits torchons propres. Vêtements de poupées. Cuvette. Savon liquide. Corde et pinces à linge. Fer à repasser factice ou de récupération. Table à repasser taille enfant ou table basse. Tablier taille enfant. Serviettes de toilette.

1 **Remplissez une cuvette** à mi-hauteur d'eau tiède et savonneuse. Répartissez le linge dans deux corbeilles. Accrochez la corde à linge à hauteur d'enfant, à l'extérieur si possible, et fixez-y les pinces à linge. Si vous réalisez cette activité en intérieur, étendez des serviettes de toilette sur le sol, sous la corde. Idéalement, la corde et la cuvette d'eau ne seront pas trop éloignées. Placez la table à repasser et son fer un peu plus loin.

2 Abordez avec votre enfant **le thème de la lessive** : « Qui lave le linge dans la famille ? Comment ? Est-ce que tu nous aides, parfois ? Que préfères-tu, quand tu laves un vêtement ? »

3 **Désignez la première corbeille de linge**, placée à proximité de la cuvette d'eau savonneuse. Prenez chaque vêtement un par un : « Qu'est-ce que c'est que ça ? À qui est ce vêtement ? »

4 Après les avoir passés en revue, **lancez le jeu** : « Oh, ces vêtements ont sans doute besoin d'être lavés ! Veux-tu t'en charger ? » Laissez votre enfant mouiller, frotter et tordre les vêtements à sa guise, puis montrez-lui comment les porter jusqu'au fil, dans une petite cuvette, pour les étendre. Observez et commentez ses actions si cela ne trouble pas sa concentration.

5 Lorsque l'activité s'essouffle, montrez-lui **la deuxième corbeille de linge**, placée près de la table à repasser. Expliquez que ces vêtements sont propres, mais qu'ils ont besoin d'être repassés : « Pourquoi repasse-t-on ? Qui repasse dans notre famille ? » Précisez à votre enfant qu'ici, vous allez repasser ensemble « pour de faux », car le fer n'est pas chaud. Rappelez-lui de ne jamais toucher la semelle d'un fer à repasser, qu'il soit réel ou non. Observez et commentez ses actions si cela ne trouble pas sa concentration.

6 Abordez **les phénomènes physiques** sous-jacents à cette activité : jouez avec les bulles de savon dans l'eau et expliquez comment elles se forment, parlez de la manière dont les vêtements sèchent, comparez les textures des tissus secs et mouillés... Adaptez votre discours à l'âge de l'enfant.

Variante
Pour d'autres jeux avec de l'eau, voir p. 20, « Laver la vaisselle », et p. 31, « Le bain des poupées ».

lire, ça inspire !

Jour de lessive, Frédéric Stehr, L'École des loisirs, 2010.

Memory des végétaux

• JEUX • dehors

Dès 6 ans

Cette séance développe le sens de l'observation et la mémoire de l'enfant, elle initiera également toute la famille à la botanique !

matériel

Foulards unis ou coupons de tissu. Guide des plantes sauvages de votre région.

1. Au cours d'une promenade, collectez discrètement **cinq fragments** de plantes distinctes : feuille, fleur, gousse, fruit, tige… Choisissez des plantes communes, qui ne souffriront pas d'être prélevées et qui seront faciles à retrouver par la suite.

2. Proposez à votre famille de faire une pause si la fatigue se fait sentir, et **organisez votre jeu** : sans que personne ne regarde, étendez un foulard sur le sol et disposez dessus, esthétiquement, vos échantillons de végétaux. Recouvrez votre travail d'un deuxième foulard.

3. Invitez les vôtres à **se regrouper** autour de vous, donnez à chacun (ou à chaque équipe) un foulard et expliquez les règles du jeu : « Je vais soulever ce foulard trente secondes. Pendant ce temps, vous prendrez une photographie mentale, non seulement des plantes et de leur disposition, mais aussi des parties qui les représentent. Ensuite vous devrez retrouver les mêmes plantes et reconstituer le même dessin. »

4. Au bout de quelques minutes de jeu, proposez à ceux qui le souhaitent de regarder votre composition **une deuxième fois.** Admirez en silence avec quelle concentration ils prennent alors les indices qui leur manquent !

5. Lorsque tout le monde a fini, dévoilez le « modèle » et **comparez les propositions** en commentant les différences et les similitudes. Clôturez le jeu par une recherche dans un guide des fleurs de votre région, afin d'identifier les plantes et le nom des parties prélevées.

Conseil
Adaptez la complexité du jeu à l'âge de votre enfant : le nombre d'éléments peut être diminué ou augmenté, les fragments choisis peuvent aider plus au moins à identifier la plante, vous pouvez montrer la composition plus ou moins furtivement…

lire, ça inspire !

L'herbier, Émilie Vast, MeMo éditions, 2009.

Voir la lumière ?

À force de jouer avec la lumière, votre enfant a peut-être remarqué que si elle nous permet de voir, elle n'est pas visible... À moins de jouer au magicien et de trouver le moyen de la faire apparaître... Abracadabra !

matériel

Lampe de poche. Deux brosses pour tableau noir ayant déjà servi. Verre d'eau, morceau de carton troué en son centre. Fond de lait dans ramequin.

1 **Au préalable**, disposez les objets rassemblés de manière ordonnée sur une table basse : tampon pour effacer la craie, verre d'eau et de lait, morceau de carton percé en son centre.

2 Invitez votre enfant à braquer sa lampe torche contre un mur. Amenez-le à prendre conscience d'**une contradiction** en le guidant par vos questions : « Peux-tu voir la lumière de l'ampoule de ta lampe ? Oui. Peux-tu voir le faisceau lumineux sur le mur ? Oui. Peux-tu voir la lumière entre la lampe et le mur ? Non. »

3 « Comment pourrait-on faire pour **rendre la lumière visible** ? » Laissez votre enfant émettre des hypothèses, et fournissez si besoin le matériel nécessaire pour les concrétiser. Puis présentez-lui également les objets disposés sur la table : « Ces objets peuvent-ils te donner d'autres idées ? »

Expérimentez ensemble **différentes méthodes** pour rendre les rayons lumineux visibles :

- Tapez les deux brosses à tableaux l'une contre l'autre de manière à ce que la poussière de craie qu'elles contiennent tombent dans le faisceau de lumière. Aidez votre enfant à verbaliser l'expérience : « Chaque petit grain de craie est éclairé. Là où ils sont, ils reflètent la lumière. Tous ensemble, ils dessinent les rayons lumineux. »

- Posez un morceau de carton troué en son milieu sur un verre d'eau. Orientez le faisceau de la lampe vers le trou, en la tenant à quelques dizaines de centimètre de distance. Que voyez-vous ? Maintenant, versez un peu de lait dans l'eau et recommencez l'opération : cette fois, le faisceau lumineux est visible, réfléchi par les gouttelettes en suspension dans le liquide.

Prolongement

Ce phénomène s'observe également à l'extérieur : au cinéma, le faisceau lumineux est souvent visible, car la salle, peu aérée, est assez poussiéreuse. La lumière du projecteur éclaire les particules minuscules qui remplissent l'air, et qui, vues toutes ensemble, restituent le trajet de la lumière.
De même, lorsque la lumière du soleil filtre à travers des trouées dans les nuages, la lumière se réfléchit sur les gouttelettes d'eau microscopiques contenues dans l'air, et qui, vues de loin, tracent de longs rayons de lumière.

lire, ça inspire !

Lumière, Gallimard Jeunesse, 2007.

Premières machines

Les cubes permettent la construction de « machines » technologiques simples à travers lesquelles votre enfant expérimentera sa capacité à modifier les trajectoires et les vitesses des objets en mouvement.

Les chemins de « dominos »

matériel

Grands cubes en forme de pavés, Scotch d'électricien.

Collez un ruban de Scotch sur le sol (vérifiez au préalable qu'il n'y laisse pas de traces) le long duquel vous placerez les cubes à intervalles réguliers. Optez pour des lignes rectilignes au début ; lorsque votre enfant sera plus adroit, vous pourrez proposer des tracés légèrement incurvés.
Aidez-le si nécessaire à placer les cubes debout et montrez-lui comment renverser doucement le premier de la suite pour faire tomber tous les autres.

Les rampes

matériel

Planchette d'environ 50 cm sur 20 cm, gros cubes en carton ou en bois, véhicules miniatures et/ou petites balles en caoutchouc.

Fabriquez vous-même la rampe en amont en empilant quelques gros cubes et en appuyant l'extrémité de la planchette sur cette pile, comme un toboggan. Garez les petites voitures à proximité, de manière attractive. Prévoyez également un stock de cubes supplémentaires à disposition. Laissez votre enfant découvrir l'installation et observez, en retrait, comme il se l'approprie : fait-il rouler les objets sur la rampe ? Éprouve-t-il des difficultés ? Cherche-il à les résoudre ? Le moment venu, revenez vous installer à ses côtés et verbalisez : « J'ai remarqué que cette balle sortait toujours de la rampe avant d'arriver en bas. Je me demande comment nous pourrions faire pour que cela n'arrive plus ? Penses-tu qu'un mur le long de la rampe l'empêcherait de s'échapper ? » ou « Je me demande ce qui se passerait si ce toboggan était plus haut ? Plus bas ? » L'enfant peut aussi décider de construire des tunnels ou un mur d'arrêt à l'extrémité du circuit… Observez ses choix et offrez votre aide si nécessaire.

Prolongement
Vous pouvez construire deux rampes côte à côte pour pouvoir comparer les trajectoires des voitures selon la hauteur du toboggan, la largeur de la planchette, etc.

lire, ça inspire !

Monsieur lapin et le toboggan rouge, Dominique Blaizot, Quentin Gréban, Mijade, 2001.

Ma collection

JEUX d'éléments

Dès 2 ans

En mettant à disposition une grande variété d'éléments naturels dans l'environnement de votre enfant, vous nourrissez sa pensée logique et l'encouragez à tisser des liens entre ses savoirs en construction.

matériel

Collection d'éléments naturels : galets, pommes de pin, coquillages, graines, feuilles séchées, marrons, épis de maïs ou de blé… Facultative : loupe.

❶ Voici quelques idées pour présenter votre collection familiale de manière attirante :

- Les éléments doivent être **intégrés à l'environnement** quotidien, et l'enfant doit y avoir accès. Vous pouvez placer les trésors récoltés sur une table de chevet, un guéridon dans la pièce à vivre…

- Utilisez **des plateaux ou des sous-main**, qui, en plus de valoriser les éléments, circonscriront un espace d'exploration et encourageront la manipulation.

- Choisissez **des contenants** qui mettent en valeur la beauté et la simplicité de vos trésors naturels : paniers d'osier, boîtes en bois…

❷ **Laissez votre enfant manipuler** et réagencer (aligner, ordonner…) les éléments proposés sur une table basse. Placez-vous à sa hauteur et interagissez dans la limite de ce que votre enfant accepte et de ses besoins : en manipulant silencieusement les objets qui vous attirent, en les décrivant, en les nommant…

❸ **Rebondissez sur ses actions.** Trie-t-il les objets par catégories, par couleur ou par forme ? Aidez-le à exprimer les points communs des objets qu'il a rapprochés. Compose-t-il une mosaïque hétéroclite ? Utilisez le langage de position (« Le coquillage est À CÔTÉ de la gousse. Tu as posé la feuille SUR la brindille… »). S'il s'attarde longuement sur un élément, procurez-lui une loupe…

❹ Aidez votre enfant à **solliciter tous ses sens** : ce coquillage peut être appréhendé par la vue (« il est beige veiné de blanc »), le toucher (« il est froid et bosselé »), le goût (« il est salé »), l'odorat (« il a un parfum de pierre »), l'ouïe (« il paraît qu'en le collant à l'oreille, on entend la mer… »).

❺ Pensez à aborder les objets **dans leur dimension culturelle**. D'où viennent-ils ? Connaissez-vous des histoires ou des contes traditionnels qui mettent ces objets à l'honneur ?

❻ Encouragez votre enfant à exprimer **ses préférences personnelles**, et affiner l'esprit de votre collection, petit à petit, pour coller au mieux à ses centres d'intérêt.

Variante

De temps en temps, proposez les objets sur un miroir incassable : les hypothèses et les expérimentations sur ce qui est « réel » ou pas développent l'esprit critique.

lire, ça inspire !

Rond comme un caillou en bois, Patrick Cloux, Fabienne Cinquin, Atelier du Poisson soluble, 2007.

Mon œuvre, un titre

JEUX d'arts

Dès 5 ans

Peut-être est-ce là la caractéristique d'une œuvre : elle a un nom, un titre. Encouragez vos enfants à doter leurs travaux de titres, ils le méritent !

matériel

Représentations d'œuvres impressionnistes et abstraites célèbres (magazines et livres d'art, vieux calendriers, cartes postales…) : Monet, Klee, Mirò, Mondrian, Pollock… Matériel d'art plastique varié : gouache, aquarelle, papier, ciseaux…

1 Observez ensemble un large panel d'œuvres abstraites pour amener l'idée qu'une œuvre n'est **pas nécessairement figurative**.

2 Expliquez que les artistes **donnent un titre** à leur travail avec ce qu'ils ont voulu exprimer ou décrire. En observant les œuvres rassemblées, invitez votre enfant à leur donner des titres. Il n'y a pas, à ce jeu, de « bonne » réponse : chacun peut suggérer ce qui lui passe par la tête. Donnez finalement le titre véritable de l'œuvre : l'enfant pense-t-il qu'il s'agit d'un bon titre ? Pourquoi ? Y avait-il des éléments dans le tableau qui pouvaient servir d'indices ?

Invitez votre enfant **à composer** une œuvre abstraite. Voici plusieurs idées simples et rapides :

- Plongez des billes dans de la peinture, et faites-les rouler sur une feuille tapissant le fond d'un carton en plan incliné.
- À l'aide d'une pipette, faites tomber des gouttes d'aquarelle liquide sur un papier blanc épais.
- Collez des formes géométriques colorées….

N'hésitez pas à mixer les techniques entre elles !

3 Demandez à votre enfant de **trouver un titre** à son œuvre. Fournissez-lui un petit carton pour l'écrire à sa façon (même les enfants qui ne maîtrisent pas l'écriture aimeront se charger seuls de cet « encodage » !) ou écrivez vous-même sous sa dictée.

4 **Affichez** l'œuvre légendée dans votre salon pour quelques jours, et laissez le temps à votre enfant de présenter son travail aux autres membres de la famille.

Conseil
La prise de conscience qu'une œuvre peut être abstraite est importante pour mettre à l'aise les personnes (enfants ou adultes) qui n'osent pas créer sous prétexte « qu'elles ne savent pas dessiner ».

lire, ça inspire !

Dans l'univers de Monet, Sophie Comte-Surcin, Caroline Justin, Belem éditions, 2004.

Travaux de couleurs

L'enfant aime manipuler la couleur sous toutes ses formes. La couleur se regarde, se touche, s'invente et se réalise. Les ateliers suivants invitent le jeune enfant à l'apprécier sensoriellement en utilisant différents matériaux.

Invitation

matériel

Nuanciers (disponibles en magasin de bricolage), chutes de tissu de nuances différentes, reproductions d'œuvres d'artistes travaillant sur le monochrome (Malevitch, Newman, Klein, Ryman…) : cartes postales, calendriers, livres d'art… Divers objets de récupération colorés : trombones, jetons, carrés de mosaïque, billes chinoises, boutons, graines… Ramequins de verre.

Concevez une invitation à **explorer les couleurs** et leurs nuances en disposant le matériel de manière attractive sur une table basse. Laissez votre enfant manipuler le matériel et opérer des tris par couleur – les plus grands pourront classer les nuances d'une même couleur de la plus claire à la plus foncée.

Tissage

matériel

Bandes de papier, de tissu, d'aluminium, de Cellophane, fils de laine, rubans. Grand morceau de grillage souple, et large.

Proposez de fabriquer **un tissage géant**, en triant les éléments par couleur et en les fixant sur le grillage grâce à la méthode du tissage : passez dessus, dessous, dessus… Ce travail peut être l'objet d'une œuvre collective, et le résultat sera plus spectaculaire si les matériaux, aux textures hétérogènes, sont regroupés par couleur. Les enfants peuvent choisir de disposer les matières en bandes ou de réaliser des dessins (cercles, spirales…). Nourrissez l'inspiration en observant des œuvres d'artistes tels que Mark Rothko, Jan Schoonhoven, Piet Mondrian…

Couleurs secondaires

matériel

Pâte à modeler maison (voir recette p. 56), colorant alimentaire.

Les couleurs secondaires (violet, orange, vert) sont obtenues par mélange de deux couleurs primaires. Choisissez une couleur secondaire et invitez votre enfant à collecter des objets de cette couleur dans la pièce où vous vous trouvez. Proposez-lui ensuite deux boules de pâte à modeler (par exemple jaune et bleu, si vous travaillez sur le vert) et laissez-le manipuler pour qu'il découvre, au gré de l'amalgame, la nouvelle couleur. Un autre jour, réalisez la même expérience en mélangeant deux colorants alimentaires dans un verre d'eau.

> **La sécurité d'abord !**
> *Si vous utilisez une pâte à modeler du commerce, assurez-vous que les couleurs soient miscibles.*

lire, ça inspire !

Si la neige était rouge, Éric Battut, Milan, 2002.

En miroir

JEUX musicaux

Dès 5 ans

Voici un petit jeu à mener en famille, qui invite à créer son propre répertoire moteur, affine l'observation et la coopération. Rappelons que l'imitation est un mode de communication à part entière !

matériel

Petits carrés de carton, papier aluminium, colle, ficelle, ciseaux, perforatrice. Miroirs de formes et de tailles variées. Lecteur CD, quelques disques.

1. Auparavant, fabriquez de **petits colliers-miroirs** (un par couple de participants) en recouvrant les carrés de carton d'aluminium : collez la feuille d'aluminium en place et percez un trou au sommet du carré. Passez une ficelle dans le trou, puis nouez-la. Votre enfant appréciera certainement de vous assister dans cette fabrication.

2. Si possible, réunissez **plusieurs miroirs** et demandez : « À quoi sert un miroir ? Que vois-tu dedans lorsque tu le regardes ? » Invitez votre enfant à se mirer, encouragez-le à observer son reflet au gré de ses mimiques.

3. **Jouez deux par deux** : l'un des membres reçoit un collier-miroir qu'il passe autour de son cou. Celui qui porte le collier joue « le miroir », son partenaire joue « le danseur ». Le rôle du danseur est de bouger son corps de toutes les façons possibles (bras, mains, jambes…), tandis que son « miroir » tente de reproduire ses mouvements. S'il manque d'inspiration, le danseur peut choisir de mimer les gestes de la vie quotidienne – se brosser les dents, se coiffer… Les grimaces sont les bienvenues ! Le jeu peut commencer par des gestes lents, qu'il sera plus facile pour le miroir de copier, pour s'amplifier ensuite. Jouez sur le tempo de votre liste d'écoute pour rythmer l'exercice. Amusez-vous, et échangez les rôles dès que souhaité.

Conseil

Rien n'empêche les joueurs de parler de leurs mouvements pendant l'action ! Certains enfants y prennent beaucoup de plaisir, d'autres préfèrent agir silencieusement… Respectez ce choix !

lire, ça inspire !

Zingarella, petite danseuse de bois, Manon Rozier, Catherine Alias, Leslie Umezaki, coll. Le sablier, Philo'mène, 2013.

La fête d'anniversaire

JEUX d'imitation — **Dès 4 ans**

Les jeunes enfants aiment rejouer les fêtes d'anniversaire – et ne se lasseront pas de reprendre la chanson « Joyeux anniversaire ! » une bonne douzaine de fois. Voici quelques éléments qui enrichiront ce jeu souvent spontané pour accroître le vocabulaire, construire des relations sociales… et fabriquer des souvenirs inoubliables.

matériel

Dînette : plat, couverts, aliments en plastique ou en bois. Téléphone-jouet ou de récupération. Papier et crayons. Pâte à modeler, papier aluminium…

1. Abordez avec votre enfant le sujet **des fêtes d'anniversaire** : « Qu'est-ce qu'un anniversaire ? Quel est le dernier membre de la famille à avoir fêté le sien ? Qu'est-ce qui fait d'une fête d'anniversaire une fête vraiment spéciale ? » Évoquez les plats préparés pour l'occasion, la décoration, les activités qui rendent ces fêtes caractéristiques.

2. **Lancez le jeu** : « Aujourd'hui, c'est l'anniversaire de Doudou lapin (ou le nom de la poupée ou de la peluche de votre enfant). Nous allons faire une grande fête ! »

3. **Invitez deux ou trois amis** pour l'occasion. Ensemble, faites l'inventaire de ce dont les enfants auront besoin pour préparer la fête – la vaisselle, les plats préférés, les vêtements de fête… Selon leur âge, ils pourront créer des cartes à envoyer aux invités, ou leur téléphoner ; les aliments peuvent être fabriqués avec de la pâte à modeler, des objets peuvent être enroulés dans du papier aluminium pour figurer les cadeaux…

4. Laissez les enfants **jouer à la fête** comme il l'entendent, en restant en retrait et en observant. Si vous sentez que l'activité s'essouffle, intervenez dans le jeu : « Oh, Léa n'a plus de gâteau ! Est-ce que tu veux une deuxième part de gâteau, Léa ? Tom, peux-tu servir Léa, s'il te plaît ? » Accordez une attention particulière aux enfants qui restent en arrière, et aidez-les à trouver des rôles dans lesquels ils puissent se sentir à l'aise.

Conseil
La fête d'anniversaire symbolise pour l'enfant sa propre croissance. Parlez souvent avec votre enfant de son passé, de l'évolution de ses compétences au fil des années… Ce type d'activité développe la confiance en soi et la conscience de sa propre individualité.

Variante
L'activité peut aussi prendre pour vedette l'ami imaginaire de votre enfant, s'il en a un.

lire, ça inspire !

Joyeux anniversaire !, Chihiro Nakagawa, Junji Koyose, Rue du Monde, 2010.

Mon arbre, du bout des doigts

• JEUX • dehors

Dès 6 ans

Le jeu suivant est une activité sensorielle très apaisante. Respectez le rythme de votre enfant, qui peut éprouver le besoin de toucher longuement les écorces, et de les explorer dans leurs moindres détails.

matériel

Foulards.

1 Le jeu se joue dehors, **en binôme(s)**. Expliquez à votre enfant que vous allez lui bander les yeux, mais que vous assurerez sa sécurité à tout moment. Faites-le tourner quelques instants sur lui-même, puis guidez-le avec des gestes doux vers un arbre. N'hésitez pas à faire quelques détours pour le désorienter – adaptez la difficulté à l'âge de l'enfant. Présentez-lui l'arbre choisi comme étant **« son » arbre**. « Fais la connaissance de ton arbre sans les yeux, de façon à pouvoir le retrouver entre tous par la suite. »

2 Encouragez votre enfant à prendre son temps et à **utiliser tous ses sens** : il peut faire le tour de l'arbre, le toucher au ras du sol, le toucher le plus haut possible ; il peut étudier précisément le dessin de son écorce ; il peut s'attacher à mémoriser son parfum ou essayer de deviner sa hauteur en écoutant le bruit du vent dans les feuilles…

3 Ramenez votre enfant **au point de départ**, faites-lui faire à nouveau quelques tours sur lui-même, puis ôtez son bandeau et demandez-lui de retrouver « son » arbre.

4 Les rôles sont ensuite **échangés**, votre enfant devenant votre guide.

Variante

Accrochez une longue corde dans le jardin : les yeux bandés, l'enfant devra l'agripper pour la suivre et faire une promenade d'un nouveau genre. Variez de temps en temps la hauteur de la corde et faites-lui traverser des milieux variés (boue, herbe, mousse…). Pour d'autres jeux en aveugle, voir p. 118, « Sans les yeux ».

lire, ça inspire !

Mon arbre ami, Maïa Brami, Ingrid Monchy, Duculot, 2005.

Quel cirque !

JEUX de cubes

Dès 5 ans

Si le cirque est dans votre ville, emmenez-y votre enfant : c'est l'occasion de passer un beau moment de jeu en famille et de découvrir les animaux autrement.

matériel

Cubes de toutes tailles, cerceaux, vieille couverture… Scotch, ficelle, feutres… Figurines d'animaux et personnages, balles… Albums sur le thème du cirque. Disque de musique de cirque.

1 **Après une sortie au cirque**, encouragez votre enfant à parler de son expérience : « Qu'as-tu préféré ? Quels animaux y avait-il ? » Lisez ensemble des albums sur le sujet, puis lancez l'idée : « Et si nous construisions notre propre cirque avec nos cubes ? Quels sont les différents espaces que nous allons devoir construire ? » Énumérez tout ce qu'on trouve dans un cirque – vous pouvez rédiger une liste.

Variante
Une activité similaire peut être réalisée après une sortie au zoo (voir p. 67, « Allons au zoo ! »).

2 Réfléchissez à la manière dont le **stock de cubes** peut être utilisé pour construire les piliers, les gradins, les caravanes, les enclos… Aidez votre enfant à trouver les matériaux adaptés à chaque zone à construire : « Que pouvons-nous utiliser pour faire la piste ? Et le chapiteau ? » Ayez quelques objets à proposer sous la main (cerceaux, couverture…) mais sachez aussi rebondir sur les idées de votre enfant, qui vous emmèneront peut-être dans une tout autre direction !

3 Proposez des accessoires pour l'aider à **matérialiser ses idées** : « Voici de la ficelle et un rouleau de Scotch. Peut-être peuvent-ils t'aider à fabriquer ton trapèze ? »

4 **Place au jeu !** Disposez les figurines dans l'espace créé, lancez un disque de musique de cirque et préparez un petit spectacle, auquel les autres membres de la famille seront invités !

lire, ça inspire !

Sam et Julia au cirque, Karina Schaapman, Gallimard Jeunesse, 2014.

Carillon maison

La fabrication d'un carillon est un challenge artistique et artisanal qui permet d'expérimenter différents matériaux et les sons qu'ils produisent dans le vent.

matériel

Jolie branche. Gobelets jetables en plastique. Bolduc coloré, ficelle. Plaque à pâtisserie, papier sulfurisé. Marqueurs, ciseaux, perforeuse. Véritable carillon de jardin.

La sécurité d'abord !
Le plastique des gobelets utilisés doit être de type 6 (ce numéro est indiqué dans un pictogramme au fond du verre). On trouve aussi ce type de plastique sous l'appellation « plastique fou » (il permet de réaliser des expériences scientifiques et artistiques). Évitez l'usage alimentaire, ses composants étant susceptibles de migrer dans la nourriture.

1. Montrez le carillon du commerce à votre enfant, et laissez-le le **manipuler**. Détaillez et nommez les différentes parties de l'instrument. Parlez du son produit, encouragez votre enfant à le décrire.

2. Invitez-le à **décorer** une dizaine de gobelets comme il le souhaite à l'aide des marqueurs.

3. Disposez les gobelets à l'envers sur la plaque à pâtisserie recouverte de papier sulfurisé. **Enfournez** dans un four préchauffé à 150 °C et surveillez la fonte à travers la vitre du four : au bout d'une minute ou deux, les gobelets s'affaissent jusqu'à former de simples disques. Sortez-les et laissez-les refroidir. Que sont devenus les dessins ? Décrivez les motifs obtenus.

4. Montrez à votre enfant comment **perforer** les disques à l'aide d'une perforeuse et passer un morceau de bolduc coloré dans le trou. Fixez les formes à la branche, en les serrant suffisamment : ainsi, elles s'entrechoqueront sous le souffle du vent et produiront un cliquetis léger et relaxant. Accrochez votre carillon à un arbre à l'aide d'une ficelle et tendez l'oreille !

Variante
Vous pouvez ajouter d'autres objets sonores à votre mobile : petits grelots, boulons ou rondelles, tronçons de bambou, grosses gousses... Encouragez votre enfant à récolter lui-même des objets de récupération susceptibles de produire un son sous le souffle du vent.

lire, ça inspire !

De quelle couleur est le vent ?, Anne Herbauts, Casterman, 2010.

L'agence de voyage

JEUX d'imitation

Dès 5 ans

Les enfants aiment les voyages, au moins autant que leurs parents ! L'intérêt qu'ils portent aux autres cultures est un terreau intéressant pour développer le jeu, le vocabulaire et la syntaxe, ainsi que les compétences sociales. Proposée idéalement au retour de vacances, cette activité est encore plus riche à plusieurs : invitez les petits voisins !

matériel

Prospectus récoltés dans des agences de voyage ou des offices du tourisme, et portant sur différents lieux et modes de transport. Vieux passeports. Petit appareil photo (même défectueux). Valise et vêtements décontractés. Tampons et perforatrice pour valider les documents. Menue monnaie étrangère, ou en plastique. Papier et feutres.

❶ Invitez votre enfant à **évoquer ses souvenirs** ou ses souhaits de voyage : « Te souviens-tu comment nous sommes allés à tel endroit ? À ton avis, faut-il un ticket pour monter sur le bateau (ou dans le train, le bus, l'avion…) ? À quoi ressemble-il ? Où peut-on l'acheter ?… » Évoquez l'organisation d'un voyage ; expliquez que le travail d'agent de voyage consiste à aider les voyageurs à planifier leur séjour. N'hésitez pas à emmener votre enfant dans une agence de voyage si vous en avez l'occasion. Explorez ensemble les prospectus récoltés et leurs programmes, situez rapidement les lieux évoqués.

❷ **Disposez le matériel** de façon attractive ; laissez votre enfant vous aider et prendre les rênes du jeu. Jouez aussi longtemps qu'il le souhaite. S'il manque d'idées, faites quelques suggestions : une table basse peut devenir le bureau de l'agent, certaines images peuvent être accrochées au mur, des prospectus placés sur des étagères ou des supports réalisés avec de gros cubes… De même, si l'enfant éprouve des difficultés à entrer dans un personnage, passez en revue les rôles qu'il peut endosser : voyageur, agent, transporteur (qui a le privilège de tamponner les titres !), etc.

❸ Mobilisez **le matériel d'art plastique**, afin que l'enfant crée ses propres documents selon ses besoins. Observez, en essayant d'intervenir un minimum, uniquement pour les nécessités du jeu, ou pour encourager de nouvelles situations.

Prolongement
Imaginez qu'une pièce de la maison représente le lieu de vacances, et essayez de l'aménager comme tel. Ainsi, le voyageur qui achète son titre de transport pourra rouler, voler ou voguer jusqu'à sa destination.

Variante
Proposez un jeu de rôles similaire reprenant un autre univers, selon les centres d'intérêt de votre enfant : bibliothèque, bureau de poste, restaurant, aéroport…

lire, ça inspire !

Un jour autour du monde, David Alazraki, éditions Thierry Magnier, 2003.

Des ombres de toutes les tailles

JEUX de lumière

Dès 6 ans

Voici un petit jeu du soir à proposer aux enfants qui grandissent, et se voient autorisés à « veiller un peu »… Jouer avec le noir, c'est approfondir sa compréhension du monde physique et se permettre d'apprivoiser ses peurs !

matériel

Lampe de poche. Figurine ou petit jouet. Une nuit sans lune et un réverbère.

Conseil
Assurez-vous, avant de proposer cette activité, que votre enfant a bien réalisé la séance « La mesure de mon ombre » *(p. 47)**.*

1 Posez au centre d'une table basse une lampe de poche et un petit jouet à la silhouette bien découpée (une figurine animalière par exemple). Invitez votre enfant à braquer sa lampe sur le jouet, **en l'orientant de toutes les manières possibles**. Laissez-le expérimenter librement, mais n'hésitez pas à guider ses investigations par des questions ouvertes : « Que se passe-t-il quand ta lampe éclaire l'objet du dessus ? Quelle taille a l'ombre alors ? Que se passe-t-il lorsque tu baisses la lampe et que le faisceau est plus oblique ? Est-ce que l'ombre change ? »

2 Si l'intérêt s'essouffle, relancez l'activité par **de petits défis** : « Peux-tu produire l'ombre la plus longue possible ? Et une ombre qui soit aussi longue que l'objet ? » Aidez votre enfant à verbaliser ses découvertes, en adaptant vos questions à son âge : « Vois-tu comment l'inclinaison de la lampe change la longueur de l'ombre ? »

3 **La nuit venue,** invitez votre enfant à une petite promenade dans votre quartier : « Tout à l'heure, tu as fait des ombres longues et des ombres courtes avec ta lampe de poche, tu te souviens ? Penses-tu pouvoir faire la même chose avec ton ombre et un réverbère ? » Laissez votre enfant expérimenter à sa guise : quand il se tient juste sous le lampadaire, son ombre est courte. Il peut observer son accroissement progressif en se déplaçant lentement dans le faisceau lumineux. Aidez-le à exprimer sa compréhension du phénomène : « Lorsque tu te déplaces, les rayons de la lumière qui arrivent sur toi sont plus inclinés : c'est ce qui fait varier la longueur de ton ombre. »

4 Nourrissez l'activité par **d'autres petits défis** : « Peux-tu faire en sorte que ton ombre soit beaucoup plus grande que toi ? » Jouez à rendre les ombres les plus imposantes et les plus effrayantes possibles en leur donnant des poses. Cet exercice permet de dédramatiser la peur du noir : « Si ton ombre peut effrayer quelqu'un, il est normal que tu trouves l'ombre des autres effrayante, toi aussi ! »

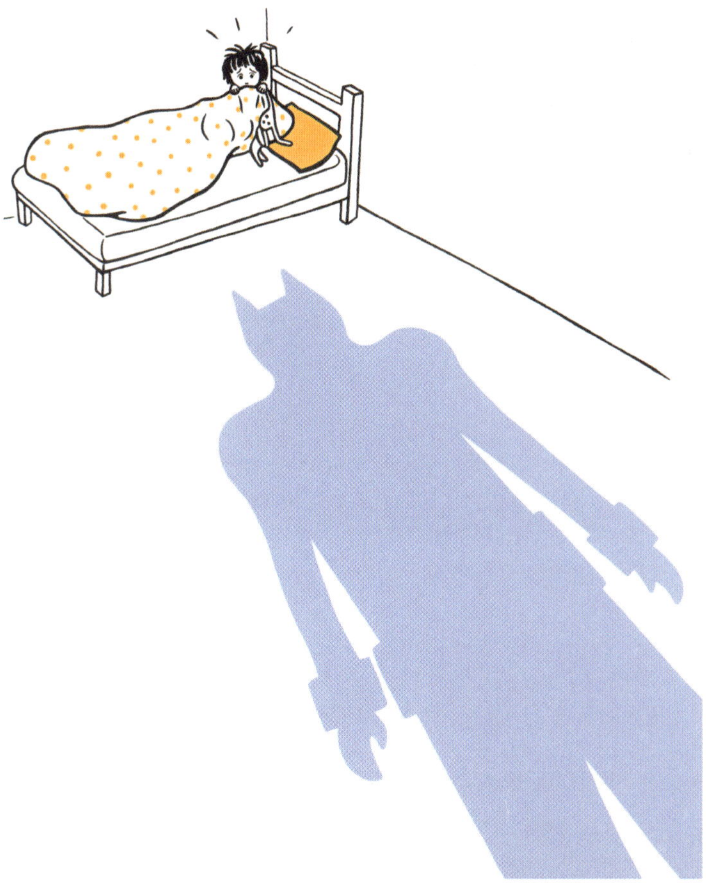

Prolongement
De jour, invitez votre enfant à observer, et à tracer au sol, les ombres des objets du dehors à différents moments de la journée.

lire, ça inspire !

Le loup qui avait peur de son ombre, Orianne Lallemand, Éléonore Thuillier, Auzou, 2015.

Voyages fabuleux

Les cubes sont un merveilleux support pour rêver, et construire les espaces qu'on ne pourra jamais explorer… Pourquoi ne pas embarquer vers des mondes disparus ou inaccessibles ? Tout est possible avec un peu d'imagination… et de dextérité !

L'île jurassique

matériel

Cubes de toutes les formes et de toutes les tailles. Collection de figurines de dinosaures. Argile ou pâte à modeler, feuilles, plantes artificielles, bâtonnets de glace, boîtes à chaussures, papier Canson coloré…

Pour construire **l'île des dinosaures**, il faut d'abord construire une île ! Expliquez à votre enfant qu'il s'agit d'une masse de terre entourée d'eau ; montrez-lui des images si vous en avez : « Comment faire pour construire une île avec tes cubes ? Lesquels choisir ? » Une fois la structure de base construite, ajoutez les détails : montagnes en cubes, arbres en bâtonnets de glace, grottes en boîtes à chaussures, mare de papier bleu… Les histoires inventées peuvent ensuite faire l'objet d'un livre réalisé par vos soins à l'aide de photographies.

Le sol lunaire

matériel

Gros cubes en carton et en bois, grand carton, vieille couverture, coussins. Lampes de poche. Papier aluminium, chutes de papier peint. Matériaux de récupération divers.

Montrez à votre enfant des images de **la lune**, et attirez son attention sur ses caractéristiques : la surface bosselée, les cratères, etc. « Puisque personne n'habite sur la lune, il n'y a pas de maisons là-bas. Mais nous pourrions être les premières personnes à construire des maisons lunaires ! Je me demande à quoi elles ressembleraient… » Invitez votre enfant à créer un sol lunaire à partir des matériaux proposés et offrez votre aide si nécessaire : les coussins recouverts par la couverture peuvent figurer les cratères, les boîtes peuvent devenir des maisons ou des véhicules, éventuellement recouvertes d'aluminium (qui peut aussi servir à fabriquer des étoiles…). Décrivez ensuite l'œuvre de votre enfant pour l'encourager à en parler. Puis éteignez la lumière et jouez ensemble à la lueur des lampes de poche, en attirant son attention sur les ombres formées et les reflets métalliques de l'aluminium.

Conseil
Prévoyez de laisser sur place l'installation pendant plusieurs jours afin de permettre à votre enfant d'affiner son univers et de jouer.

lire, ça inspire !

Quand papa était petit, il y avait des dinosaures, Vincent Malone, André Bouchard, Seuil Jeunesse, 2012.
Papa sur la lune, Adrien Albert, L'École des loisirs, 2015.

Jouer dans le noir

JEUX de lumière

Dès 6 ans

La plupart des enfants aiment l'excitation que procurent les jeux dans la nuit… Cette activité, à pratiquer en petit groupe, est une excellente occasion pour passer du temps dehors, et pour apprivoiser les terreurs nocturnes.

La chasse à l'homme

matériel

Foulard, lampe torche.

L'un des joueurs représente la cible : il a les yeux bandés et dispose d'une lampe torche. Les autres joueurs sont répartis en un large cercle autour de lui et doivent ramper, le plus silencieusement possible, jusqu'à le toucher. La cible écoute attentivement et braque la torche dans la direction où il entend du bruit. Si un des « chasseurs », au sol, est éclairé, il doit s'immobiliser trente secondes avant de repartir. La manche s'arrête lorsque la cible a été touchée ; le gagnant devient alors cible lui-même.

Variante
Jouez de nuit, de préférence sur un sol crissant (sous-bois, tapis de feuilles…). Vous pouvez aussi adapter ce jeu en intérieur, en recouvrant le sol de plastique de récupération (emballages, sacs…).

Le trésor

matériel

Bâtons phosphorescents.

En amont, à l'extérieur, un adulte dispose des bâtons phosphorescents à intervalles réguliers, pour construire un jeu de piste. Assurez-vous que le deuxième tube soit visible lorsqu'on se tient à côté du premier, et ainsi de suite. À côté du dernier bâton, placez une petite surprise. En famille, remontez ensuite la piste, avec pour consigne stricte de rester groupés (les premiers arrivés à un relais lumineux doivent attendre que tout le groupe les ait rejoints avant de partir vers le suivant). Une fois le trésor déniché, refaites le chemin en sens inverse, en prenant soin de ramasser les bâtons au fur et à mesure.

La chauve-souris

matériel

Foulard.

Ce jeu nécessite un grand nombre de joueurs qui forment une ronde, bras très écartés, pour délimiter l'aire de jeu. Lâchez les mains, écartez largement les jambes pour dessiner le cercle et le fermer. Au centre, deux joueurs s'affrontent : la chauve-souris et sa proie, le papillon. La chauve-souris a les yeux bandés et doit repérer le papillon au son de sa voix. À chaque fois qu'elle lui demandera : « Où es-tu ? », le papillon devra répondre, du tac au tac : « Je suis là ! » La manche cesse dès que le papillon a été capturé. Ce jeu peut également être mené de jour, mais l'ambiance sera plus réaliste au crépuscule !

lire, ça inspire !

Un Appel dans la nuit, Anne-Marie Chapouton, Jane Yolen, John Shoenherr, Flammarion-Père Castor, 1989.

Patchwork à peindre

JEUX d'arts

Dès 18 mois

Voici une activité de peinture sensorielle : en peignant sur différentes textures, l'enfant expérimente les réactions physiques du papier, tantôt absorbant, tantôt irisant, toujours étonnant !

matériel

Scotch. Gouache, récipients stables et peu profonds, pinceaux. Différents types de papier aux formats similaires : papier sulfurisé, papier aluminium, essuie-tout, papier Canson, papier peint, papier kraft, sacs en papier, papier cadeaux, journaux, vieux magazines, vieux posters...

1 Scotchez bord à bord les chutes de papier choisies pour recouvrir intégralement une table basse, à la manière **d'un patchwork géant**. Puis fixez les limites du papier à peindre aux bords de la table. Versez la gouache dans des récipients et proposez un pinceau par couleur.

Conseil

Ne proposez qu'une couleur à la fois si votre enfant est vraiment petit et qu'il découvre l'activité, déjà suffisamment riche sensoriellement.
À partir de deux ans et demi ou trois ans, donnez les couleurs primaires deux par deux, voire trois par trois, pour que l'enfant s'approprie les couleurs secondaires en les mélangeant.
De même, au début, limitez le nombre de papiers proposés à quatre. Avec le temps, vous augmenterez le nombre de textures, et proposerez de travailler sur le sol.

Variante

Invitez votre enfant à peindre différentes textures, de préférence une par séance. Une fois sèches, les chutes pourront être assemblées en patchwork pour constituer une œuvre monumentale. Encouragez toujours les enfants « parleurs » à décrire et à exprimer leurs sensations. La même activité peut être réalisée sur tissu, à partir de multiples échantillons.

2 Laissez votre enfant **explorer librement** les matériaux : selon le type de papier, la couleur est absorbée, diffusée...

lire, ça inspire !

Les Cinq sens, Hervé Tullet, Seuil Jeunesse, 2003.

Mes émotions en musique

• JEUX • musicaux

Dès 5 ans

La musique est avant tout un langage, particulièrement adapté à l'expression des émotions. Les enfants y sont très sensibles : en expérimentant de nouveaux gestes instrumentaux, ils mettent des mots sur ce qu'ils ressentent.

matériel

Panier d'instruments de percussion variés : maracas, claves, tambourin, triangle, bâton de pluie…

1 **Posez un panier** rempli de petits instruments sur le sol et asseyez-vous à côté. Laissez votre enfant vous rejoindre, puis encouragez-le à manipuler chaque percussion aussi longtemps qu'il le souhaite. Nommez les instruments, échangez quelques mots sur leur aspect, leur matière, leur poids… Essayez ensemble de trouver quelques mots pour qualifier le son émis par chacun (clair, fluet, sourd, sec…).

2 **Abordez le thème des émotions** : demandez à votre enfant comment il se sent à ce moment. Invitez-le à réfléchir aux sonorités qui peuvent exprimer son sentiment : par exemple, des battements lourds peuvent exprimer la colère, des grelots évoquer la joie, des sons feutrés illustrer la fatigue…

3 **Utilisez vous-même** un instrument de votre choix pour exprimer votre sentiment actuel. Puis, ensemble, essayez de représenter de manière acoustique des émotions nommées par l'enfant.

4 **Chantez** et jouez, sur l'air de la fameuse comptine « Elle descend de la montagne à cheval » :

Si tu sais qu'tu es heureux, joue comme ça ! (bis)
Si tu sais qu'tu es heureux, et que tu l'sens dans tes bras,
Si tu sais qu'tu es heureux, joue comme ça ! (bis)

Inventez de nouveaux couplets en fonction des sentiments évoqués, et utilisez les instruments de manière adaptée pour illustrer chacun.

lire, ça inspire !

Mes sentiments, Élisabeth de Lambilly, Palette, coll. L'Art pas à pas, 2005.

Mon refuge dans le monde

• JEUX • dehors

Dès 5 ans

Quiconque, qu'il soit enfant ou adulte, tire bénéfice d'être « connecté » à son environnement naturel. Encouragez votre enfant à développer une relation spéciale avec un endroit choisi par lui, dans lequel il se sente enraciné.

1 Commencez par réfléchir aux endroits où **vous vous sentez bien**, et essayez d'y passer plus de temps. Faites-les ensuite découvrir à votre enfant. Ensemble, fermez vos yeux pour écouter, toucher ; essayez de connaître cet endroit par tous vos sens. Expliquez-lui qu'ici, vous vous accordez le droit d'être simplement vous-même, sans endosser vos rôles de la vie quotidienne.

2 Invitez votre enfant à trouver son propre « **endroit spécial** ». Si cela lui semble difficile, vous pouvez décider de bâtir ensemble « un endroit partagé » – un bout de balcon suffit. Faites un abri en tendant une bâche pour faire le toit. Placez quelques bûches en guise de sièges. Installez-vous là pour raconter des histoires à votre enfant. Cela aura encore plus de portée si vous contez « sans filet », en racontant sans suivre le texte d'un album – appuyez-vous sur les contes traditionnels, ou les histoires que vous aimiez lorsque vous étiez petit. Prenez l'habitude d'utiliser cet espace en toutes saisons et par tous les temps.

3 Avec les plus grands, ce lieu partagé peut devenir celui où l'on se retrouve pour avoir **des conversations importantes** – à propos des virages familiaux, des conflits, des projets…

Conseil

Aucune contingence financière ou géographique ne doit vous empêcher, vous et votre enfant, de trouver « votre » endroit. Cette quête et son aboutissement restent possibles, que vous viviez en plein centre-ville ou dans une caravane. L'important n'est pas la beauté ou l'exotisme du lieu, mais le rapport que votre enfant aura à ce lieu, et à travers lui, à la Terre et à lui-même.

lire, ça inspire !

CitiZENs, Hervé Graumann, QuiQuandQuoi, coll. Art, y es-tu ?, 2001.

Invitation à compter

De petits éléments de différentes tailles, formes, matériaux et couleurs, disposés de manière attractive à portée de l'enfant, induisent souvent des « explorations » numériques. Si votre enfant s'intéresse aux nombres et au calcul, voici quelques astuces pour l'inviter à développer cet intérêt.

Les quantités

matériel

Bouchons de bouteille en plastique, petites bouteilles d'échantillons vides, petits récipients, jetons, boutons, billes chinoises, galets, petits chiffres mobiles (en bois, en plastique), bâtonnets de glace, petits cubes, briques de Lego, coquillages, pommes de pin, graines, brindilles…

Les petits éléments à manipuler **en grande quantité** sont des matériaux indispensables : ils permettent d'appréhender les notions de « beaucoup » ou de « peu », encouragent le dénombrement concret et la correspondance terme à terme. Vous pouvez aussi compter les éléments d'objets plus gros ou complexes : les trous d'un bouton projeté au mur grâce à un rétroprojecteur, les pétales d'une fleur, les feuilles d'une branche ou les grains d'un épi…

La logique et les mathématiques

matériel

Boîtes à œufs, bacs à glaçons, boîtes de marrons glacés ou de chocolats vides… Boîte à bijoux, plateau apéritif, assiette à fondue bourguignonne…

1. Pensez **aux boîtes compartimentées** : elles encouragent le tri logique, et la mise en correspondance terme à terme (faire correspondre un élément à une cavité). Proposez-les avec des collections d'éléments en grande quantité (noix, boutons…).

2. Proposez **des miroirs** de toutes tailles : ils permettent d'aborder les notions mathématiques de « double » et de « paire », et d'approcher les grands nombres.

3. Procurez-vous **des chiffres mobiles** à intégrer à vos propositions : jetons de loto, mais aussi bougies et cartes d'anniversaire… Fabriquez une bande numérique en collant au-dessus de chaque valeur numérique le nombre d'éléments naturels correspondants. Organisez une « chasse aux nombres » durant laquelle votre enfant photographiera les nombres qu'il voit dans son environnement (maison, rue…).

La taille

matériel

Cubes, poupées gigognes, cuillères doseuses, chutes de rubans, formes découpées dans des intercalaires en plastique coloré, tours de Lego de taille croissante…

Jouez sur **la taille** des éléments : par exemple, alignez sur une étagère de petites piles de papier de toutes les dimensions. Tous les objets pouvant être rangés du plus petit au plus grand sont à considérer. Ajoutez juste à côté un bol de petits éléments à manipuler, pour inciter votre enfant au dénombrement proprement dit.

lire, ça inspire !

Apprends-moi les chiffres, Francesco Pittau, Bernadette Gervais, Seuil Jeunesse, 2005.

Docteur ès sciences

• JEUX • d'imitation

Dès 7 ans

En jouant le rôle de chercheurs scientifiques, les enfants apprennent à exprimer leurs idées et à partager leurs découvertes.

matériel

Écritoire à pince, stylos, feuilles de papier. Compte-gouttes, tasses et cuillères à mesurer, gants en caoutchouc, gobelets en plastique. Loupe, microscope, support à éprouvettes, éprouvettes en plastique. Petites bouteilles en plastique transparent. Ramequins. Blouse blanche. Bicarbonate de soude, colorants alimentaires aux trois couleurs primaires, vinaigre blanc, fécule de maïs, sel, huile alimentaire, glaçons…

1 Au préalable, **fabriquez des rapports scientifiques** en plusieurs exemplaires (sur le modèle ci-après) pour motiver votre enfant à s'exprimer par écrit. Accrochez ces fiches à une écritoire à pince pour plus de sérieux !

MON RAPPORT
Dr …, scientifique.
Mon expérience scientifique : …
Les outils dont j'ai besoin : …
Mes produits miracles : …

2 Organisez un « laboratoire » en disposant le matériel de manière attrayante. Installez aussi deux ou trois **expériences scientifiques simples**, dont voici quelques exemples :

- Installez une cuvette remplie de bicarbonate de soude. À proximité, placez un flacon de vinaigre blanc, et une affichette : « Que se passe-t-il si je verse ce liquide dans la poudre ? »

- Proposez un mélange d'eau et de fécule de maïs (deux volumes de fécule pour un volume d'eau, ajoutez l'eau lentement en mélangeant très délicatement), surmonté d'une affichette : « Cette substance extraterrestre est-elle solide ou liquide ? »

- Près des tubes à essai, disposez de petites bouteilles d'eau et des ramequins remplis de colorants alimentaires (aux trois couleurs primaires), ainsi que des compte-gouttes. Une affichette peut inviter à la manipulation : « Combien de couleurs différentes puis-je créer ? »

- Remplissez une cuvette de glaçons, et disposez un pot de sel à proximité, avec ce message : « Comment puis-je creuser des trous dans la glace sans la toucher ? »

- Fabriquez une bouteille sensorielle en mélangeant dans une petite bouteille en plastique transparent un volume d'eau (éventuellement colorée à l'aide de colorant alimentaire) et trois volumes d'huile alimentaire de couleur foncée. Vissez fortement le bouchon et rédigez ce petit défi : « Puis-je mélanger les deux liquides ? »

3 **Observez en retrait** et n'intervenez que si vous sentez que la situation s'essouffle. Vous pouvez alors encourager votre enfant à dessiner ou à décrire ses expériences sur ses rapports, ou relancer son intérêt par des questions ouvertes : « Que penses-tu qu'il va passer ensuite ? Pourquoi ? Que ferais-tu différemment une prochaine fois ? Qu'est-ce qui est différent/pareil ? »

lire, ça inspire !

Copain des sciences, Robert Pince, Dorothée Jost, Milan, 2013.

Métamorphose

JEUX musicaux

Dès 4 ans

L'expression corporelle se nourrit aux sources de ce qui intéresse votre enfant et de ce qu'il connaît. N'hésitez pas à inviter dans vos jeux les éléments naturels et les animaux : jouer à les imiter permet aux petits de se décentrer, et aiguise leur intérêt pour eux.

matériel

Lecteur CD, disques de musique instrumentale. Un drap. Foulards et rubans dans un panier. Photos de chenilles, de cocons et de papillons.

❶ Abordez avec votre enfant **le thème des chenilles et des papillons**. Feuilletez un livre documentaire sur la métamorphose et encouragez-le à dire ce qu'il comprend du phénomène. Essayez de montrer des photographies d'insectes authentiques, nommez les différentes parties de leur corps, parlez de ce qu'ils mangent, de la manière dont ils se déplacent…

❷ Assurez-vous de disposer d'un vaste espace de travail, quitte à pousser quelques meubles. Mettez de la musique douce et invitez votre enfant à s'installer au sol, à plat ventre, pour **jouer à la chenille**. Racontez à mi-voix l'histoire simple d'une toute petite chenille, qui mange, mange, et grandit. Encouragez votre enfant à mimer vos paroles. Puis, éteignez la musique et demandez à votre « chenille » de se coucher dans la position confortable de son choix.

❸ Parlez **des cocons** : expliquez que les chenilles fabriquent une enveloppe dans laquelle elles se cachent pour se transformer. Donner un drap à votre enfant : « Voici ton cocon, petite chenille. Tu vas t'envelopper dedans et dormir jusqu'à ce que tu te transformes en papillon. » Aidez-le à s'envelopper dans le tissu.

Conseil
Veillez à ce que ce jeu ne soit pas anxiogène, serrez plus ou moins le drap en fonction des réactions de l'enfant. Certains voudront cacher leur tête aussi, d'autres s'y refuseront. Respectez toujours leurs ressentis.

❹ Pendant la métamorphose, asseyez-vous à côté de votre enfant et expliquez-lui à mi-voix que, **pour sortir de son cocon**, la chenille doit se tortiller, donner des coups de tête, s'étirer, jusqu'à ce que le cocon cède. Mettez une musique plus rythmée, et invitez votre enfant à mimer sa naissance : il se tortille, s'empêtre, gesticule dans sa poche, puis s'en extrait.

❺ Un beau papillon est né ! Attirez l'attention de votre enfant sur **un panier de foulards et de rubans** que vous aurez placé à côté de lui pendant son « éclosion » : invitez-le à danser comme un papillon, sur une musique légère et joyeuse, en faisant tournoyer des foulards colorés autour de lui.

❻ Ménagez **un retour au calme** : éteignez la musique et expliquez que le papillon est fatigué d'avoir volé toute la journée. Invitez votre enfant à s'allonger au sol et à mimer le sommeil, éventuellement roulé dans son drap, comme sous une couverture.

lire, ça inspire !

La Chenille qui fait des trous, Éric Carle, Mijade, 1999.

Au bac à sable !

• JEUX • de cubes

Dès 3 ans

Construire dans le sable permet de découvrir un milieu mouvant, et invite à élaborer des stratégies pour faire tenir les édifices en équilibre. N'hésitez pas à faire varier la situation : sable sec ou humide, cubes lourds ou légers, petits ou massifs…

matériel

Cubes en bois, bac à sable (d'intérieur ou d'extérieur), jeux de plage (râteaux, pelles, tamis, moules…). Chariot ou brouette d'enfant pour ranger et transporter les cubes. Chiffons.

1 Invitez votre enfant à **anticiper cette activité** et les résultats de son action : « Que se passera-t-il si nous jouons avec nos cubes dans le bac à sable ? Que pourrions-nous construire ? Est-ce que cela sera difficile ou pas ? » Laissez votre enfant s'exprimer sur le sujet et développer ses idées. Proposez-lui ensuite de sélectionner les cubes qu'il souhaite utiliser pour cette activité et d'en remplir un petit chariot ou une brouette.

Conseil
Cette activité doit être proposée à des enfants ayant eu de multiples occasions de jouer avec le sable et de construire avec leurs cubes, indépendamment l'un de l'autre.

2 Laissez votre enfant **jouer librement** avec ses cubes et ses jouets dans le sable. Observez ses stratégies pour faire tenir ses constructions, et verbalisez : « Tu pousses ce cube dans le sable devant toi. Il a aplati le sable, tu vois ? » De même, si vous sentez de sa part une certaine frustration, aidez-le en oralisant les problèmes rencontrés : « Tu voudrais que ce cube reste debout. Comment pourrait-on faire ? »

3 Lorsque l'intérêt retombe, montrez à votre enfant comment **épousseter les cubes** avec les chiffons pour en ôter le sable. Profitez de cette opération pour décrire les cubes manipulés : « J'essuie cette face, elle est triangulaire… J'insiste bien sur les arêtes… »

Prolongement
Cette activité gagne à être proposée souvent. Enrichissez-la en ajoutant de petits jouets (figurines, voitures en plastique…) ou des éléments naturels (pommes de pin, coquillages, brindilles…) que votre enfant intégrera à ses constructions.

lire, ça inspire !

Le tout Jeune Prince, la Mer et le Château de sable, René Gouichoux, Téo Puebla, Milan, 2000.

Premières mesures

• JEUX • d'éléments

Dès 3 ans

Cette activité est une introduction aux concepts complexes de poids et de taille. Leur compréhension s'intensifiera dans la durée, à travers une pluralité d'expériences de ce type.

matériel

Panier garni d'objets en double exemplaire, grands et petits : par exemple une petite poupée et une grande poupée, un petit cube et un gros cube, un petit livre et un gros livre... Panier garni d'objets lourds et légers : plume, livre, coupon de tissu, cubes... Balance de type Roberval, petit seau.

❶ Montrez à votre enfant la collection d'objets **de différentes tailles**, et laissez-le manipuler librement. Prenez ensuite deux objets similaires (par exemple une grosse pierre et une petite pierre), et encouragez-le à les comparer : « Ces deux pierres sont-elles identiques ? Laquelle est la plus grosse ? » Passez ainsi en revue toutes les paires d'objets de votre panier.

❷ Apportez ensuite le deuxième panier garni **d'objets lourds et légers**. Procédez de la même manière : après une phase de manipulation libre, engagez votre enfant à comparer les éléments deux par deux en lui fournissant le vocabulaire approprié.

❸ Proposez ensuite **la balance de Roberval**. Avec des gestes lents, placez des objets sur les plateaux et attirez l'attention de votre enfant sur le mouvement induit. Laissez-le manipuler l'outil à sa guise, en utilisant les objets des paniers.

❹ Invitez l'enfant à **une chasse au trésor**. Muni d'un seau, sortez ensemble dans le jardin (ou au parc, en forêt...) à la recherche d'objets à collecter : feuilles mortes, brindilles, cailloux... Puis asseyez-vous sur l'herbe pour examiner votre récolte. Fournissez à votre enfant un lexique précis : « minuscule », « large », « plus grand que », etc.

❺ Sortez la balance pour peser les éléments naturels récoltés – la pesée peut se faire à l'extérieur, elle aussi ! Encouragez votre enfant à **verbaliser ses sensations** et à mimer la balance en prenant, comme elle sur ses plateaux, un objet dans chaque main pour en comparer les poids.

Conseil
Ces différentes étapes peuvent être exécutées à la suite mais si vous sentez votre enfant fatigué, vous pouvez les répartir sur plusieurs jours.

lire, ça inspire !

99 expériences pour découvrir et comprendre les sciences en s'amusant, Fleurus Jeunesse, 2015.

Capture d'ombres

Dessiner, c'est représenter par des lignes et des contours. Les jeux de lumière, très attractifs pour le jeune public, mettent ces tracés en évidence ; ils sont un guide précieux pour les artistes en herbe.

Photophore

matériel

Un bocal en verre non lisse (à facettes, avec des motifs en relief…), lampe de poche. Papier blanc, crayon à papier.

Posez votre bocal au centre d'une feuille de papier blanc et invitez votre enfant à l'éclairer à l'aide de la lampe électrique. Il remarquera rapidement que le verre « froissé » projette des ombres intéressantes sur le papier. Proposez-lui d'en dessiner les contours pendant que vous vous chargez d'orienter la lampe selon ses instructions. Les motifs réalisés peuvent être intégrés à un dessin et figurer le pelage d'un animal, un feuillage ou un ciel…

Avec un rétroprojecteur

matériel

Rétroprojecteur. Divers objets opaques ou translucides, grandes feuilles de papier blanc, feutres.

Invitez votre enfant à placer des objets sur le plateau du rétroprojecteur, de manière à créer des compositions. Laissez-le manipuler aussi longtemps qu'il le souhaite, puis attirez son attention sur la grande feuille de papier blanc que vous aurez fixée au mur de projection en guise d'écran. En traçant les contours projetés, il devra s'interroger sur la meilleure façon de placer son corps, afin que son ombre ne bloque pas la lumière.

Silhouette

matériel

Papier noir, papier blanc. Crayon à papier, ciseaux. Lampe de bureau. Vernis colle, pinceaux. Facultatifs : appareil photo, chute de papier peint, papier calque.

Commencez par réaliser le profil de votre enfant : demandez-lui de se placer près d'un mur sur lequel vous projetez son ombre à l'aide de la lampe de bureau. Pour capturer le profil, deux options :

- Dessinez-le à main levée sur une feuille de papier accrochée au mur. Utilisez le papier noir pour une version classique, ou un beau papier à motifs (sur une chute de papier peint par exemple) pour un rendu original.

- Si votre enfant bouge trop, photographiez l'ombre de son visage en gros plan et travaillez ensuite directement sur l'image : imprimez-la, décalquez-la et reportez-la sur le papier.

Il ne reste plus qu'à découper : montrez à votre enfant comment tourner la feuille, plutôt que les ciseaux, pour obtenir des angles doux. Collez la silhouette obtenue sur du papier blanc.

Puis échangez les rôles : à votre enfant de réaliser votre silhouette !

Avec une table lumineuse

matériel

Table lumineuse. Objets plats, opaques ou translucides : feuilles fraîches, radiographies, napperons en papier… Papier calque, crayons de couleur.

Posez les objets choisis sur le plateau et recouvrez-les d'une grande feuille de papier calque. Disposez les crayons à proximité, et laissez votre enfant interagir avec cette proposition.

lire, ça inspire !

Apprendre à dessiner, Peter Gray, Evergreen, 2007.

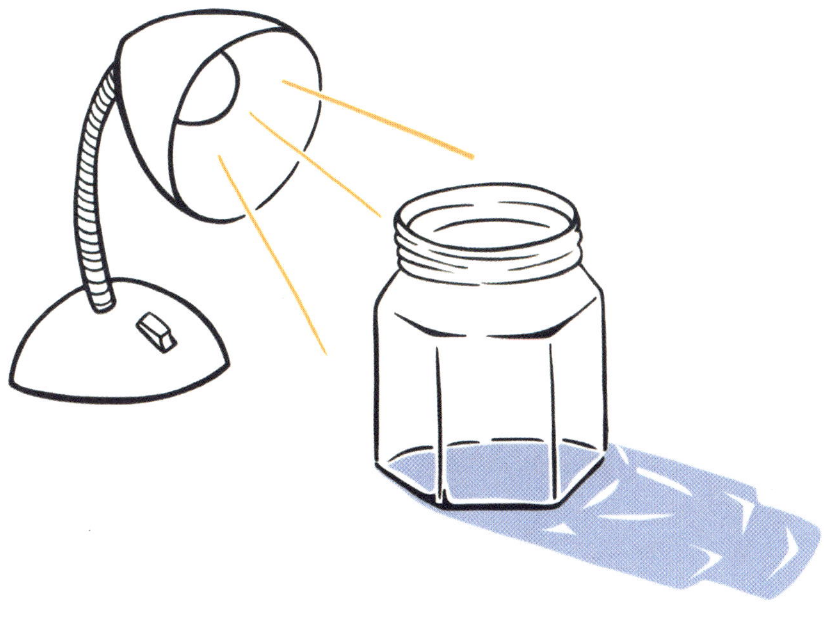

Feuilles d'automne

• JEUX • d'éléments

Dès 5 ans

Les feuilles mortes fascinent les grands et les petits. Voici quelques idées pour exploiter cette formidable ressource gratuite, seul avec son parent ou en nombre, et dans la bonne humeur !

matériel

Facultatifs : loupe, feuille de papier blanc ou coloré, table lumineuse… Peinture, pâte à fixer, bâton de cire… Râteau.

1 Demandez à votre enfant de **choisir** deux feuilles à terre, des feuilles « spéciales »… À lui de justifier ce qu'elles ont d'unique à ses yeux ! Fournissez-lui une loupe, et encouragez-le à observer les spécimens très finement. Si vous réalisez cette chasse en groupe, mélangez, à la fin, toutes vos feuilles dans un panier et tirez-les au sort, l'une après l'autre. Les propriétaires sauront-ils reconnaître leur feuille « spéciale » ?

2 Autre idée de chasse aux feuilles : demandez à votre enfant de dénicher sur le terrain deux spécimens de chaque espèce d'arbres. Cette collection pourra déboucher sur un exercice d'**appariement** (retrouver les feuilles identiques, et les poser côte à côte) et d'identification.

3 Proposez à votre enfant de se coucher sur le sol, à l'emplacement de son choix, et de se laisser **ensevelir sous les feuilles** par les autres membres de la famille. Le visage doit rester découvert ! La détente procurée, et le nouvel angle de vue sur la forêt, sont une expérience forte. Échangez les rôles, et prenez plaisir à jaillir d'un coup de votre costume de feuilles !

Astuce

Pour obtenir un squelette de feuille, grattez délicatement la chair des feuilles que vous aurez fait cuire une heure dans de l'eau additionnée de bicarbonate de soude. Travail méticuleux et méritoire !

4 À la maison, disposez des squelettes de feuilles et d'autres éléments naturels automnaux (noisettes, pommes de pin…), tels **un mandala** sur une feuille noire ou sur une table lumineuse. Laissez votre enfant les manipuler librement.

5 Avec les feuilles ramassées, bien des techniques d'**art plastique** sont réalisables : empreintes positives (peindre la feuille avant de l'imprimer sur le papier), empreintes négatives (fixer la feuille au papier à l'aide de pâte à fixer, et tamponner avec de l'encre tout autour), frottage (glisser la feuille sous un papier mince et frotter avec un crayon de cire, afin d'obtenir le dessin de ses nervures). On peut aussi reporter les contours de chaque feuille sur du papier brun ou coloré, découper les contours obtenus et accrocher les formes réalisées à une branche de bois mort… qui, elle, ne perdra pas sa parure de sitôt !

6 Organisez, du haut d'un escabeau, **un lâcher de feuilles**. Tombent-elles toutes de la même manière selon leur espèce ?

7 Au jardin, à l'aide de râteaux à feuille (il en existe « taille enfant »), bâtissez **le plus grand tas de feuilles du monde…** puis autorisez votre enfant à le détruire. Fou rire assuré !

lire, ça inspire !

Anton et la feuille, Ole Könnecke, L'École des loisirs, 2007.

Fabriquer des nids d'oiseaux

• JEUX • dehors

Dès 6 ans

La construction d'un nid est délicate, le résultat ne sera pas aussi solide et harmonieux que les réalisations des oiseaux – qui, pourtant, n'ont pas de mains ! –, mais cette activité, en les initiant à l'ornithologie, permettra aux enfants de prendre conscience de l'importance de l'environnement pour le règne animal.

matériel

Nid(s). Sac à trésors. Argile de potier et petit bol. Matériaux divers : herbes, lambeaux de plastique, poils…

1. **Montrez un nid** à votre enfant : « Qu'est ce que c'est ? À quoi ça sert ? Où trouve-t-on les nids ? Avec quoi l'oiseau le fabrique-t-il ? » Aidez votre enfant à observer finement et à énumérer les matériaux utilisés, visibles dans la trame de l'ouvrage.

2. Expliquez que **l'animal vit en harmonie avec son environnement**, qui lui apporte ce dont il a besoin, en posant systématiquement la question de la provenance des matériaux : « Où ce nid était-il situé ? Où l'oiseau a-t-il trouvé ces matériaux ? » Fournissez toujours le lexique précis : « crin », « lichen »… Montrez que certains matériaux utilisés ne sont pas « naturels » mais fabriqués par l'homme, qui interfère dans l'environnement des oiseaux.

3. **Affinez vos observations** : « Quelle est sa forme ? Comment ce nid a-t-il été fabriqué ? Les branches sont entremêlées, de la boue sert de ciment… » Faites une recherche sur chaque type de nids, et les matériaux spécifiques utilisés en fonction de l'environnement, selon les caractéristiques de chaque espèce. « Quel type d'oiseau a construit le nid que tu tiens dans les mains ? »

4. **Sortez pour « jouer aux oiseaux »** et collecter des matériaux pour fabriquer un nid (herbes, lambeaux de plastique, touffes de poils, ficelles…). Aidez votre enfant à préparer une « boue » à base d'argile de potier en la mélangeant avec de l'eau jusqu'à ce qu'elle ait la consistance du ciment humide.

Conseil
Prenez soin de « récolter » votre nid en automne, une fois la période de nidification terminée.

5. Encouragez votre enfant à **tisser et entrelacer** des tiges solides pour élaborer la structure du nid, puis à l'habiller pour qu'elle soit confortable. Cimenter l'œuvre avec l'argile et laissez sécher quelques jours.

6. Quand le nid est terminé, allez le placer dans un arbre du jardin. Réfléchissez ensemble **à une place adéquate**, à l'abri des prédateurs. Photographiez l'œuvre en situation, puis expliquez qu'un oiseau n'utilisera jamais un nid fabriqué par l'homme. Votre enfant peut donc choisir de conserver son travail, ou le laisser sur place – il constituera une réserve de matière première appréciable pour les oiseaux du printemps.

lire, ça inspire !

Le Guide ornitho, Lars Svensson, Killian Mullarney, Dan Zetterström, Delachaux et Niestlé, 2015.

La pêche à la ligne

JEUX d'imitation

Dès 3 ans

Voici une activité classique qui rencontre toujours un grand succès, surtout quand l'enfant lui-même fabrique son décor ! Elle permet aux plus jeunes de s'exprimer et d'enrichir leur vocabulaire, de fabriquer des objets en anticipant le résultat de leur action, et de développer leur motricité fine.

matériel

Grandes feuilles de papier blanc, papier Canson coloré. Gouache bleue, verte et blanche, pinceaux. Petits récipients ou palette pour la peinture. Bâton, ficelle. Aimant puissant, pinces à dessin métalliques. Ciseaux et crayons de couleur. Petits paniers ou boîtes. Livres documentaires.

1 Abordez avec votre enfant le thème de **la pêche à la ligne** : a-t-il déjà eu l'occasion de pêcher ? De voir des pêcheurs à l'œuvre ? Énumérez les différents milieux de pêche, tels que les océans, les lacs, les étangs, les rivières et les ruisseaux.

2 Proposez ensuite à votre enfant de fabriquer lui-même **un milieu aquatique**, avec de l'eau, des poissons à attraper et des cannes, de manière à transformer une partie de sa chambre en terrain de pêche.

3 **Pour l'eau**, scotchez une grande feuille de papier blanc sur le sol. Disposez la gouache et les pinceaux tout autour. Discutez de la couleur de l'eau, en vous appuyant sur l'observation de photographies dans des livres documentaires. Invitez votre enfant à peindre le fond marin comme il le souhaite. Aménagez des petites chaises autour de cet espace et quelques paniers, pour déposer les « prises ».

4 Disposez ensuite joliment papier Canson coloré, ciseaux et crayons de couleurs sur une table basse pour que votre enfant crée **les poissons**. Assistez-le dans cette tâche si nécessaire puis fixez une pince en métal sur la bouche des poissons.

5 **Pour la canne à pêche**, attachez un aimant au bout d'une longueur de ficelle, et fixez la ficelle à l'extrémité d'un bâton.

6 Laissez votre enfant **jouer librement**. Si nécessaire, montrez-lui, avec des gestes lents, comment ferrer un poisson en touchant la pince de sa bouche avec l'aimant.

Conseil
Si le jeu s'essouffle, n'hésitez pas à jouer un rôle : faites semblant de choisir un appât, demandez à votre enfant s'il connaît le meilleur coin pour attraper de gros poissons...

lire, ça inspire !

Son premier poisson, Hermann Schulz, Wiebke Oeser, Être éditions, 2002.

Le plan de mon quartier

• JEUX • d'éléments

Dès 7 ans

En fournissant des matériaux ouverts aux possibles, cette activité permet à l'enfant de se situer dans l'espace environnant, d'observer, de construire des repères et de communiquer sa vision du monde.

matériel

Appareil photo. Matériaux divers d'origine naturelle : feuilles mortes, marrons, brindilles… Cubes, petits récipients (pots d'entremets vides…), rouleaux d'essuie-tout vides… Feuilles de papier, crayons.

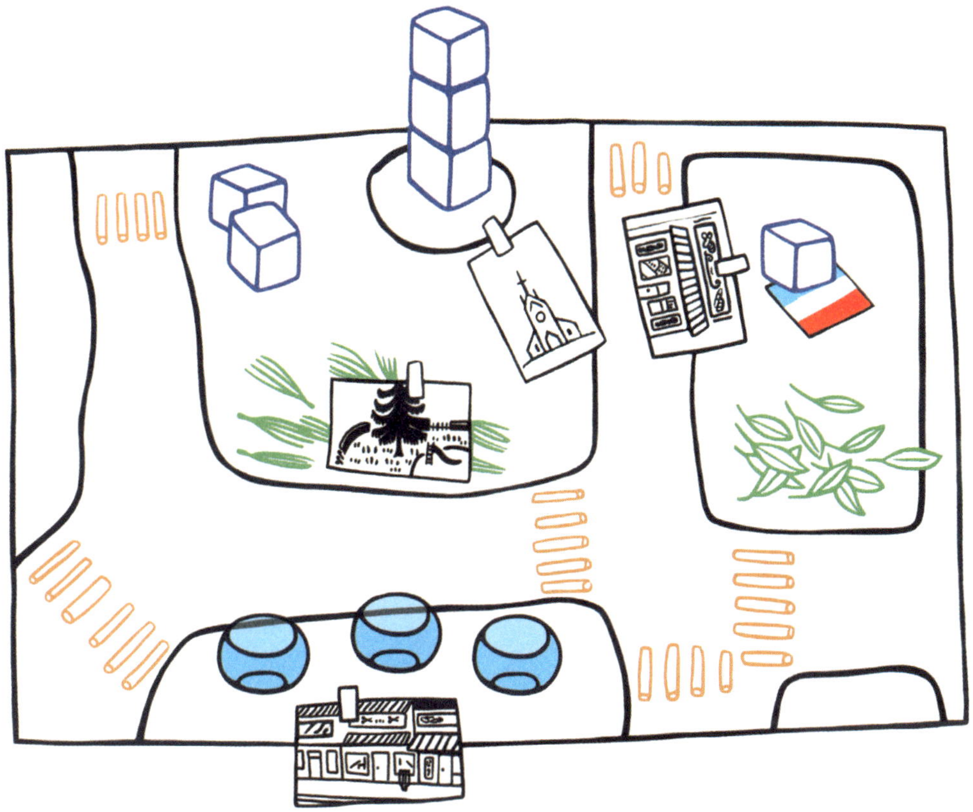

1 Proposez : « Si nous faisions un plan du quartier, quels seraient les repères importants que nous retiendrions ? » Emmenez votre enfant en promenade avec un appareil photo et demandez-lui de photographier les objets et les emplacements **qui comptent pour lui** : parking, poste, bibliothèque, gendarmerie…, mais aussi : borne incendie, arbre, panneau…

2 **Imprimez les photographies**, votre enfant devra les aligner dans l'ordre chronologique de votre promenade. Des brindilles, placées horizontalement à la manière d'un tiret, matérialiseront les étapes (1- la mairie, 2- la poste...)

3 Proposez **un fond de plan** : sur une feuille de papier, tracez par exemple les rues et les passages piétons (vous pouvez choisir d'autres indices topologiques forts plus adaptés à votre habitat). Disposez sur une table basse, de manière attractive : ce plan, des crayons, les photographies, des matériaux 3D divers (marrons, cubes, récipients…). Laissez l'enfant s'approprier l'invitation.

4 Il se peut qu'il place d'abord toutes les photographies sur le plan (soit en 2D), avant de représenter les bâtiments en 3D à l'aide des matériaux, ou inversement. Acceptez toutes les constructions et aidez votre enfant à décrire ses productions. Confectionnez ensemble des étiquettes pour légender **la maquette ou le plan** réalisé, même fantaisiste !

Conseil

Emportez un sac en promenade afin de collecter des éléments naturels locaux. Annoncez à votre famille que vous commencez une collection d'objets naturels insolites et demandez à vos connaissances qui voyagent de vous en rapporter des pays qu'ils visitent ! Initiez votre enfant au jardinage et à l'arrangement floral, et réfléchissez ensemble à la manière dont vous pourrez utiliser les bâtons, les pierres, les coquillages ou les marrons d'Inde de votre environnement pour réaliser cette activité.

lire, ça inspire !

Cartes, voyage parmi mille curiosités et merveilles du monde, Aleksandra Misielinska, Daniel Misielinski, Rue du Monde, 2012.

À l'assaut de mon arbre

Un bon arbre est un terrain d'escalade, un support aux jeux d'aventure. C'est aussi un véritable espace qui incite au repos et à la rêverie, qui reconnecte au monde naturel. Un lieu qui permet des expériences sensorielles hors du commun : observer le paysage de haut, sentir dans son corps la vibration du vent, écouter le froissement du feuillage…

matériel

Des vêtements adaptés pour toute la famille : vieux pantalons, tennis, gants éventuellement.

La sécurité d'abord !
Limitez le nombre d'enfants à escalader un même arbre. Ne les laissez pas s'appuyer sur les branches mortes. Apprenez-leur à tester la solidité de leurs appuis, à rester toujours près du tronc lors de l'ascension et à ne jamais quitter les zones où ils se sentent en sécurité.

1 Trouver le bon arbre est une véritable quête. Idéalement, ne vous **éloignez pas trop** de votre domicile pour qu'il devienne facilement l'objectif de vos promenades familiales. Choisissez un sujet mature, ni trop jeune, ni trop vieux, aux branches basses et épaisses (environ 20 cm de diamètre).

2 Le sol à son pied ne doit pas être recouvert de branches mortes, le tronc ne doit pas être troué. **Évitez-le** s'il est environné de lignes à haute tension, ou s'il est manifestement habité (nids, écureuils…).

3 Pensez également aux **arbres creux** et aux troncs tombés à terre. Ils constituent de merveilleux terrains de jeux d'imagination ou de motricité pour se balancer, se cacher, fabriquer une cabane…

4 Aidez votre enfant, pour qu'il puisse escalader, à repérer les irrégularités de l'arbre pouvant servir d'appui : nœuds, petites branches… On grimpe en montant alternativement pied et main du même côté : d'abord le pied gauche et la main gauche, la main droite et le pied droit cherchant une prise, puis le poids du corps bascule sur ces nouveaux appuis, tandis que le pied gauche et la main gauche se positionnent à leur tour. Inspirez-vous de la technique du koala ou du singe, ce sont des experts !

Prolongement
L'arbre est un sujet d'étude scientifique intarissable : demandez à votre enfant de trouver les différences et les points communs entre les arbres familiers, d'observer leur changement au fil des saisons…

lire, ça inspire !

Arbres de grand vent, Michel Cosem, Philippe Davaine, Lo Païs d'Enfance/Le Rocher, 2004.

Chacun son tour

Les tout-petits sont, par nécessité, égocentrés : ils veulent tout tout de suite, et convoitent les objets que détiennent les autres. Difficile dans ces conditions de jouer ensemble ! L'activité suivante permet de poser les premières règles de jeu sans grincement de dents.

matériel

Gros cubes en bois ou en carton.

1 Laissez l'enfant jouer à sa guise avec les cubes puis, lorsque l'intérêt retombe, proposez-lui de construire quelque chose **ensemble**.

2 Laissez-le **prendre les rênes** et vous indiquer quel cube il souhaite placer, et à quel endroit. Endossez le rôle de son « assistant » – un enfant non parleur exprimera ses préférences par des gestes ou des attitudes corporelles. Encouragez-le si nécessaire : « Veux-tu prendre un cube ? Oui, tu as pris un très gros cube ! Tu le poses ? Et puis, c'est à moi de prendre un cube ! Quel cube veux-tu que je prenne ? Celui-ci ? C'est encore un gros cube ! Où veux-tu que je le pose ? » S'il ne répond pas, énoncez des choix, en utilisant abondamment le vocabulaire spatial comme « derrière », « dessous », etc. : « Veux-tu que je le pose derrière ce cylindre-ci ? Ou au-dessus de ce cube-là ? » Exécutez à la lettre **le choix de l'enfant**, même s'il compromet l'équilibre de l'édifice.

3 Encouragez-le à choisir et à positionner un cube tout seul **à nouveau**. Continuez ainsi : l'enfant place un cube, puis c'est à votre tour. Insistez sur l'expression : « Chacun son tour ! »

4 **Décrivez la construction** au fur et à mesure qu'elle prend forme. Exprimez le plaisir de jouer et de réaliser un ouvrage ensemble.

Variante

Avec un enfant plus âgé, constituez deux lots de cubes identiques, un pour vous, l'autre pour l'enfant. Placez-vous l'un en face de l'autre et jouez au « chef d'orchestre » en fabriquant deux constructions jumelles : l'enfant place un cube, et vous l'imitez, en prenant le même type de cube et en le plaçant dans la même position. N'hésitez pas à verbaliser et à décrire le geste produit. Lorsque tous les cubes sont placés, inversez les rôles.
À partir de cinq ans, les joueurs peuvent se placer dos à dos et commencer chacun une construction libre. Au bout de trois minutes, ils changent de place et disposent de trois minutes supplémentaires pour terminer l'œuvre de l'autre. Encouragez les enfants à décrire ce qui a été changé par le camarade (hauteur, largeur...). Voir aussi p. 174 « Construire à l'infini ».

Prolongement

Les plus grands auront plaisir à jouer avec vous dans les édifices bâtis. Prévoyez un petit panier de jouets (figurines, véhicules...) à portée de main !

lire, ça inspire !

Imagier des jouets, François Delebecque, Les Grandes Personnes, 2015.

Statue mouvante

JEUX musicaux

Dès 5 ans

Se donner à voir lorsqu'on danse n'est pas toujours facile à accepter. Caché sous un drap, l'inhibition tombe, laissant libre cours à une nouvelle motricité…

matériel

Drap. Lecteur CD, panel de disques variés. Caméscope. Facultatifs : livre sur la sculpture, reproductions de statues.

1. Abordez avec votre enfant **le thème de la sculpture** : connaît-il ce mot ? En a-t-il déjà vu ? Où ? Au musée ? Au parc ? Si possible, montrez-lui des reproductions (photos ou figurines) et feuilletez ensemble un livre documentaire sur le sujet.

2. Demandez à un tiers de **filmer le jeu** qui va suivre. À défaut, calez un caméscope de manière à pouvoir enregistrer la scène sans l'aide de personne.

3. Expliquez à votre enfant que vous allez, ensemble, **vous transformer en statue**. Lancez un disque et demandez-lui de se cacher avec vous sous le drap. En rythme, bougez, tournez, sautez, enroulez-vous dans l'étoffe, en prenant soin de rester toujours dissimulés. Lorsque la musique s'arrête, figez-vous : les danseurs deviennent des statues. Restez ainsi plusieurs secondes avant de reprendre le mouvement.

4. Encouragez votre enfant à tester **différents mouvements** engageant des parties du corps auxquelles il ne pense pas spontanément : les épaules, les coudes, le sommet du crâne…

5. À l'issue du jeu, **visionnez ensemble** le film produit et décrivez les sculptures que vous avez créées.

Variante

Plus il y a de participants, plus l'exercice devient intéressant ! Limitez les danseurs à 6 ou 7, utilisez un drap suffisamment grand pour tous les accueillir et créer une grande sculpture collective !

Réalisez votre propre bande musicale avec des extraits de nature variée, en ménageant de longs silences pour pouvoir prendre la pause. En fonction des morceaux choisis, proposez des thèmes qui influenceront la danse : les animaux, les bruits familiers, les machines, les fantômes…

lire, ça inspire !

La Sculpture, Jean-Philippe Chabot, Gallimard Jeunesse, 1995.

Peinture à bulles

JEUX d'arts

Dès 2 ans

Observer les traces laissées par les bulles sur le papier blanc est une manière apaisante et poétique de créer. Installez cette activité à l'extérieur si possible, un jour de beau temps.

matériel

Grande feuille de papier blanc, Scotch, colorant alimentaire, produit à bulles coloré. Récipient pour le produit, petite cuillère. Un anneau à bulles.

1 **Scotchez** à hauteur d'enfant une grande feuille blanche à la verticale contre un mur, une palissade, une porte de garage... Fabriquez le produit à bulles coloré.

Recette du produit à bulles

Mélangez 2 cuillères à café de fécule ou fleur de maïs et 3 cuillères à café de sucre, puis versez progressivement 200 ml d'eau additionnée d'une cuillère à café de colorant alimentaire, en remuant bien. Ajoutez 50 ml de liquide vaisselle en remuant légèrement pour éviter qu'il mousse trop. Répartissez dans un récipient adapté à l'anneau utilisé : petite bouteille, bol... Vous pouvez également fabriquer plusieurs couleurs, en plus petites quantités.

2 Approchez-vous de la feuille de papier pour souffler des bulles. Observez ensemble **les traces laissées** lorsqu'elle explosent.

Astuce
En guise d'anneau à bulles, vous pouvez utiliser : une paille à boire, un fil de fer gainé entortillé pour former une boucle, une grosse clé au large anneau, un morceau de tube en plastique... Pour obtenir des bulles géantes, pensez à l'entonnoir ! Plongez la partie la plus large dans le produit et soufflez dans le tube.

3 Garder **le contrôle de la main** qui tient le flacon, tout en observant le trajet des bulles, est compliqué pour les plus jeunes. Proposez des récipients stables pouvant être posés au sol, ou chargez-vous de maintenir la bouteille pour éviter les pertes. Si l'enfant utilise une paille, percez au préalable un trou à l'extrémité où il souffle : ainsi il n'aspirera pas le produit.

Variante
Un simple verre en carton avec couvercle (type café à emporter) bien lavé peut se transformer en une sympathique fabrique à bulles. Percez le couvercle de deux trous et enfoncez une paille dans l'un d'eux. Remplissez le verre de produit et refermez-le. Cascade de bulles garantie ! Dans le même esprit, lors du bain, proposez à votre enfant de souffler, à l'aide d'une paille, dans un verre d'eau additionné de savon liquide.

lire, ça inspire !

Bulles de savon, Emma Giuliani, Les Grandes Personnes, 2015.

Net et flou

JEUX de lumière

Dès 7 ans

Certains jours, les ombres observées dehors sont nettes, d'autres fois elles sont diffuses. Si votre enfant en fait la remarque et se demande pourquoi, c'est le moment de lui proposer l'activité suivante !

matériel

Lampe de poche. Objets du quotidien aux silhouettes découpées : fourchette, bijou fantaisie, anneau de rideau… Papier calque ou papier sulfurisé, élastique.

1. Invitez votre enfant **à réaliser une ombre projetée** avec une lampe torche et un objet à la forme découpée : dans une pièce tamisée, laissez-le braquer le faisceau lumineux contre un mur et positionner l'objet entre la source lumineuse et le mur. Aidez-le à décrire précisément les contours de l'ombre produite et précisez le vocabulaire : « Une ombre est nette quand ses contours sont bien visibles, et que le contraste est fort entre les zones d'ombre et de lumière. »

2. Fixez devant le faisceau de la lampe de poche une chute de **papier calque** ou de papier sulfurisé à l'aide d'un élastique. Projetez à nouveau l'ombre de l'objet sur le mur : « Les zones sombres sont-elles différentes ? Les zones claires autour de l'ombre ont elles changé ? » Aidez votre enfant à formuler cette constatation : le papier calque rend l'ombre diffuse, floue.

3. Sortez **un jour de grand soleil**. Observez les ombres des animaux, des personnes, des véhicules… Comment peut-on les décrire ? « Les ombres sont nettes, il n'y a pas de papier calque devant le soleil ! »

4. Un autre jour, profitez d'une journée au contraire légèrement nuageuse pour réitérer l'expérience. Constatez ensemble que les nuages devant le soleil floutent les ombres à la manière du papier calque sur la lampe.

Conseil
Vérifiez la compréhension du phénomène en soumettant quelques énigmes : « Si nous étions dans un avion qui vole très haut, au-dessus des nuages, nous verrions l'ombre de l'avion se projeter sur les nuages en-dessous de nous. Serait-elle nette ou floue ? »

5. Plus tard, lorsque l'occasion se présente, constatez que les jours très gris, il n'y a pas d'ombre du tout. Pourquoi ? De retour à la maison, **tentez cette expérience** : pliez un morceau de papier calque en huit avant de le fixer devant le faisceau de la lampe de poche. Que constate-t-on alors ?

lire, ça inspire !

Les expériences clés des petits débrouillards – la Terre, Albin Michel Jeunesse, 2015.

En voiture !

JEUX d'imitation

Dès 2 ans

Jouer à conduire est très apprécié des petits, et il suffit de quelques éléments suggestifs pour qu'ils s'imaginent au volant. En s'ancrant dans le concret et le quotidien, leur imagination se muscle… Attention au départ vers le pays des belles histoires !

matériel

Petites chaises ou gros cubes en carton pour servir de sièges. Petits volants (ou carton fort pour en fabriquer). Poupées, siège-auto ou rehausseur (pour poupée ou de taille réelle). Facultatifs : vieux siège de voiture, vieille ceinture de sécurité…

1. Abordez avec votre enfant **le thème de la conduite** : « Où aimes-tu aller en voiture ? Dans quoi t'assois-tu ? Que vois-tu par la fenêtre ? »…

2. **Disposez le matériel de manière attractive** : les volants, les poupées, et les chaises. « Que pourrait-on faire avec tout cela ? À quoi pourrait-on jouer ? » Laissez à votre enfant le temps nécessaire pour qu'il s'approprie le matériel et qu'il l'utilise à sa guise. Certains se tourneront spontanément vers les jeux d'imitation, en installant les poupées dans les sièges et en faisant semblant de conduire ; d'autres voudront peut-être compléter leur voiture à l'aide de gros cubes en carton…

La sécurité d'abord !
Si vous utilisez de vraies pièces automobiles de récupération, veillez à ce qu'il n'y ait pas de bords tranchants ou de petites pièces pouvant être détachées et ingérées.

3. **Enrichissez le jeu** en posant des questions ouvertes et en endossant un rôle si nécessaire : « Où vas-tu, avec ta voiture ? Est-ce que tu peux m'emmener ? On va faire quelques courses ? Je me demande combien de personnes pourraient s'asseoir dans ce bus… », etc. Utilisez un vocabulaire précis et adéquat, dont votre enfant ne tardera pas à s'emparer : « conducteur, passager, moteur, roue, pneu, frein, essuie-glace, phare, ceinture de sécurité, pompe à essence, etc. »

4. N'hésitez pas à mettre en **fond sonore** le disque que vous avez l'habitude d'écouter lors de vos départs en vacances, et entonnez les refrains tous en chœur en feignant de conduire.

Variante
Certains petits citadins ont une expérience assez restreinte des trajets en voiture. Utilisez les thèmes des bus, tramways, taxis ou trains, selon leurs centres d'intérêt.

lire, ça inspire !

Ma voiture, Byron Barton, L'École des loisirs, coll. Lutin Poche, 2004.

Vous prendrez bien un petit ver ?

Les animaux les plus banals sont aussi fascinants que les extraterrestres et les monstres de légende... Qu'est-ce qui n'a pas de squelette, pas d'yeux, qui respire par la peau et se nourrit de déchets, et qui est très sensible aux variations de lumière et aux vibrations ?

matériel

Vêtements de pluie (bottes, pantalon imperméable, ciré...). Aquarium. Terreau, sable, terre. Feuilles mortes, feuilles de laitue. Carton ondulé.

1. Sortez **après une bonne pluie** avec votre enfant pour une promenade sensorielle. Attirez son attention sur la consistance de la terre gorgée d'eau sous vos pieds, écoutez le bruit de vos pas dans la boue, et comparez les différentes sensations selon la nature du sol (dans l'herbe, sur la terre nue, dans les graviers...).

2. Explorez ensemble la surface du sol **à la recherche de vers de terre**. Observez-les en mouvement sans les toucher : comment bougent-ils ? Où vont-ils ? Que font-ils ? Expliquez à votre enfant l'action et l'utilité du lombric.

3. De retour à l'intérieur, amusez-vous **à ramper comme un ver** : étirez-vous le plus possible, grandissez-vous, puis contractez-vous en maximum... Tortillez-vous ! Aidez votre enfant à prendre conscience de la présence des nombreux muscles qui, sous la peau du ver, lui permettent de réaliser des mouvements d'une efficacité inimitable.

4. **Préparez un terrarium** avec votre enfant : déposez une couche de terreau horizontale épaisse de 4 ou 5 cm, puis une couche de sable, une de terre, et ainsi de suite jusqu'à la moitié de la hauteur. Déposez sur la surface une grosse couche de feuilles mortes additionnée de feuilles de laitue déchirées en tout petits morceaux. Ramassez une dizaine de vers de terre très délicatement en prélevant aussi la terre qui les environne. Installez-les dans l'aquarium dont vous tapisserez les parois avec du carton ondulé, qu'il vous suffira de déplacer pour observer l'activité de vos hôtes.

5. Vaporisez fréquemment un peu d'eau de pluie (le terrarium doit être humide mais pas mouillé). Que constatez-vous au bout d'un mois ? N'oubliez pas de relâcher vos protégés à l'endroit où vous les avez pris.

Prolongement

Expliquez à votre enfant que l'usage d'une fourche bêche, plutôt que d'une bêche classique, permet d'amoindrir les risques de tuer ces petits héros de la biodiversité du sol, et expliquez-lui l'importance de ne pas utiliser de pesticides dans le jardin : le ver de terre est un maillon essentiel de la chaîne alimentaire !

lire, ça inspire !

Les Vers de terre mangent des cacahuètes, Élisa Géhin, éditions Thierry Magnier, 2012.

Premières estimations

JEUX d'éléments

Dès 6 ans

Dans cette activité, la manipulation de petits éléments exerce la pensée mathématique : l'enfant estime, compare et dénombre.

matériel

Fèves sèches. Bocal, quelques verres en carton ou caissettes de muffins en papier.

1 Expliquez à votre enfant qu'on fait **une estimation** lorsqu'on essaie d'évaluer la quantité de telle chose, lorsqu'on essaie de trouver « combien » approximativement, à partir de ses connaissances ou de ses observations. Cherchez, dans votre vie de tous les jours, à estimer, sans les compter, combien de personnes font la queue à la caisse du supermarché, combien de crayons sont dans la boîte, combien de graines contient un fruit, combien de cubes sont nécessaires pour construire une tour aussi haute que la table, etc. Vérifiez ensuite les hypothèses par comptage. Valorisez toujours la procédure, et non le résultat : le but du jeu n'est pas de « tomber juste » mais d'élaborer des stratégies mentales.

2 Demandez à votre enfant d'**estimer le nombre** de fèves contenues dans le bocal. Chacun des membres de la famille peut s'amuser à faire une estimation, dont vous garderez une trace écrite. Comptez ensuite les graines tous ensemble. Si votre enfant ne sait pas comment faire, invitez-le à faire des lots de dix dans des verres en carton. Comparez le résultat obtenu avec les pronostics. Si votre enfant ne sait pas écrire les nombres énoncés, il peut tracer une suite de points, ou de bâtons, ou encore faire des dessins…

Prolongement
Si vous possédez une balance de type Roberval, les estimations peuvent porter sur les masses : posez un crayon sur un plateau, votre enfant évaluera le nombre de fèves nécessaires pour équilibrer le deuxième plateau. Proposez-lui de trouver d'autres objets à peser, et de faire des prédictions avant de les vérifier : « Cet objet est-il plus ou moins lourd que le crayon, à ton avis ? Combien de fèves placerais-tu pour obtenir son poids ? »

lire, ça inspire !

La Malédiction des maths, Jon Scieszka, Lane Smith, Seuil Jeunesse, 1998.

Vitraux maison

• JEUX • d'arts

Dès 3 ans

Les collages en tout genre, réalisés avec des matériaux choisis en fonction de votre environnement ou des goûts et de l'âge de votre enfant, constituent de très belles décorations de fenêtre. Vous aurez plaisir à les faire varier de temps en temps, pour le plus grand plaisir de votre enfant et de vos voisins !

matériel

Papier calque, carton léger, intercalaires en plastique translucide. Marqueurs permanents pour plastique. Colle blanche, pinceau.

1. Auparavant, **réalisez un cadre** en carton léger pour votre vitrail. Prévoyez-le de quelques centimètres d'épaisseur et collez-le sur le bord de la feuille de papier calque.

2. Proposez à votre enfant de **découper** des formes variées dans les intercalaires en plastique. En fonction de son âge, vous pouvez vous charger de cette étape, ou la lui faciliter en prédécoupant le plastique en bandes étroites, qu'il n'aura plus qu'à trancher d'un seul coup de ciseaux.

3. Invitez-le à **décorer** les éléments à l'aide des marqueurs. Surveillez de près cette opération, surtout si votre enfant est encore très jeune.

4. Laissez-le ensuite **coller à son idée** les éléments sur une feuille de papier calque.

Variante
Pour les enfants ne maîtrisant pas encore l'usage de la colle, proposez une feuille de papier transparent autocollant, face collante vers l'enfant, pour qu'il y positionne librement ses éléments.

5. **Fixez les œuvres** à votre fenêtre et observez la manière dont la lumière les traverse et dont les ombres colorées se déplacent dans la journée.

Prolongement
Réalisez un vitrail en recouvrant une feuille de papier calque de morceaux de papier de soie de toutes les couleurs ou en collant des éléments naturels (pétales, petites feuilles...) sur du papier adhésif. Des napperons maison réalisés dans des filtres à café peints à l'aquarelle sont aussi du plus bel effet !

lire, ça inspire !

Je crée avec mes cinq sens, Gaëtane Lannoy, Casterman, 2004.

Merveilleux cartons

Saviez-vous que les cartons vides arrivent dans le top 5 des jouets préférés des enfants, tous âges confondus ? C'est qu'ils permettent tous les possibles…

matériel

Une collection de cartons (petits, grands, profonds…). L'idéal serait de proposer au moins un carton gigantesque (ayant contenu une machine à laver, par exemple). Colle, Scotch, ciseaux, feutres, crayons… Rouleaux de papier essuie-tout vides, bobines vides, boutons, chutes de papier et de tissu, ficelle, vieux câbles, cadrans…

1. **Disposez le matériel** de manière attirante, et observez si votre enfant s'en sert pour « faire comme si ».

2. Lorsque le jeu s'essouffle, intervenez : montrez-lui la plus grosse boîte et réfléchissez ensemble à tout ce qu'elle pourrait **servir à imiter** : voiture de pompier, machine à laver, meuble, ordinateur, machine à remonter le temps, tour de contrôle, ambulance… Essayez de trouver comment les autres matériaux disponibles pourraient contribuer à embellir la création. Encouragez votre enfant à exprimer ses besoins et ses idées : peut-on utiliser d'autres jouets ou matériaux courants pour transformer ces cartons ?

3. Laissez-le **poursuivre son idée**, et élaborer ses constructions, même s'il est évident pour vous que ses techniques ne seront pas efficientes. Offrez votre assistance pour des tâches précises que l'enfant aura planifiées, si vous constatez qu'elles ne sont pas réalisables par lui seul.

4. Laissez-lui **tout le temps nécessaire** pour fabriquer, puis pour jouer avec ses créations.

Prolongement
Un autre jour, proposez à votre enfant une collection de petites boîtes, et suggérez-lui de construire une ville miniature. Disposez joliment de petites poupées, des figurines, des petites voitures pour que l'invitation soit engageante. À la fin du jeu, prenez en note l'un de ses scénarios pour en faire un album maison. Aidez-le à structurer son récit par des questions ouvertes : « Dans quel pays se trouve ta ville ? Comment s'appelle-t-elle ? Que s'y passe-t-il ? »

lire, ça inspire !

Boîtes à bonheurs, Carl Norac, Claude K. Dubois, L'école des loisirs, 2015.

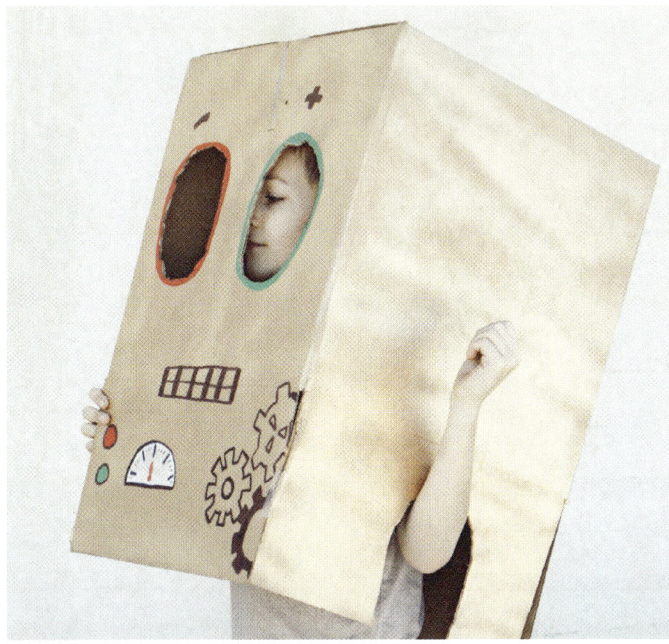

La fabrique à musique

JEUX musicaux

Dès 3 ans

En créant, comparant et triant des sons, l'enfant développe sa capacité d'écoute. Il apprend aussi à construire ses premiers instruments.

matériel

Boîtes de toutes sortes, avec couvercles : boîte à bouillie ou lait maternisé, boîte à café, bouteille de lait avec bouchon à vis, boîtes alimentaires en plastique. Petits éléments (et corbeilles pour les contenir) : gravier, graines, jetons en plastique, trombones, boutons, grelots, billes… Lecteur CD et disques variés.

1. **Disposez le matériel** de manière attrayante : proposez chaque élément dans des paniers séparés et disposez les boîtes au centre d'une table basse.

2. Invitez votre enfant, dans un moment calme, à vous asseoir avec vous sur le sol. Fermez les yeux, et **écoutez ensemble les bruits environnants** : dans vos propres corps, dans la pièce, la maison, dehors… Listez-les, et discutez de leur intensité : « Étaient-ils forts ou légers ? » Encouragez votre enfant à donner des exemples d'autres sons « légers », et d'autres sons « forts ».

3. Proposez le matériel et laissez-le explorer l'invitation. Puis demandez-lui d'essayer de **prédire** quels objets produiront un son « léger », et quels objets produiront un son « fort ».

4. Il s'agit ensuite de **vérifier ses hypothèses.** Si votre enfant n'en a pas l'idée lui-même, montrez-lui comment procéder, avec des gestes lents : il doit choisir un contenant et un type d'objet. Montrez-lui comment placer les éléments dans la boîte, fermer le couvercle et secouer. « Qu'entends-tu ? » Suggérez-lui de produire des sons variés en secouant la boîte différemment. Écoutez ensemble attentivement et essayez de qualifier l'intensité des bruits produits : sont-ils « forts », « légers », « entre les deux » ?

5. Laissez l'enfant choisir un autre type d'objet et **réitérer l'opération**. Il peut aussi décider d'introduire dans ses boîtes des éléments auxquels vous n'aviez pas pensé, parmi ses jouets ou les objets du quotidien. Poursuivez l'exploration sonore tant que l'intérêt persiste.

6. Lancez un disque et demandez à votre enfant d'**accompagner le morceau** à l'aide de ses maracas improvisées.

La sécurité d'abord !
Ne proposez pas cette activité à des enfants n'ayant pas dépassé le stade buccal, ou adaptez-la avec des éléments assez gros, sans risque d'ingestion.

lire, ça inspire !

Les Musiciens, Annie Bonhomme, Kaléidoscope, 2006.

Maisons du monde

JEUX d'arts

Dès 5 ans

Cette activité est déjà une initiation à la géographie : *via* l'observation, la description et la formulation d'hypothèses, les architectes en herbe exercent leur esprit critique, de façon concrète !

matériel

Petites boîtes à chaussures, petites boîtes en plastique, tubes en carton, mosaïques (type « Attrimaths® »), chutes de papier et tissu, pailles… Colle blanche, Scotch. Crayons, feutres. Images de différentes habitations du monde (magazines géographiques, livres documentaires…).

1 Observez avec votre enfant **votre propre habitat** et décrivez-le. « Pourquoi les gens vivent-ils dans des maisons ? Pourquoi ne vivons-nous pas dans un arbre ou dans un terrier comme certains animaux ? » Montrez différentes images d'habitats, européens ou non. « De quelle manière le climat ou les matériaux locaux influencent-ils les constructions traditionnelles ? » Pointez les similitudes et les différences.

2 Disposez le matériel rassemblé de manière attractive et proposez à votre enfant de **construire ses propres maisons**. Vous pouvez afficher au mur, dans l'espace de construction, les photographies des types d'habitat observés en amont, mais précisez bien qu'il ne s'agit en aucun cas de modèles et que votre enfant est libre de construire ce qu'il veut comme il le veut. Laissez-le travailler sur ce projet autant qu'il le souhaite. Plusieurs jours seront peut-être nécessaires ; n'hésitez pas à rebondir sur les intérêts ou les problèmes rencontrés pour proposer de nouveaux matériaux, outils ou accessoires qui nourriront son œuvre.

3 Lorsqu'il a terminé, engagez-le à parler de son travail. Prenez en note ses observations, et constituez **une petite affiche**, mettant en regard la photographie de la construction avec les commentaires du jeune architecte.

Variante
Cette séquence peut aussi découler de l'observation d'habitats d'animaux : terriers, nids, toiles… Proposez alors des matériaux adaptés à cette activité : brindilles, mousse naturelle, ficelle (voir aussi p. 155, « Fabriquer des nids d'oiseaux »).

lire, ça inspire !

Maisons d'ailleurs racontées aux enfants d'ici, Caroline Laffon, La Martinière Jeunesse, 2009.

Construire à l'infini

Les jeux de cubes permettent une infinité de constructions à partir d'un nombre de pièces limité. Voici quelques activités qui permettront à votre enfant de prendre conscience de cette richesse.

Avant/après

matériel

Gros cubes en bois ou en carton, appareil photo.

Au préalable, **commencez vous-même quelques constructions**, en plaçant des cubes sur le sol, pour qu'elles incitent l'enfant à les poursuivre. Encouragez-le à les décrire et à les photographier. Invitez-le à poursuivre : « Qu'est-ce que tu pourrais ajouter ? Qu'est-ce que tu pourrais construire à partir de ça ? », et laissez-le bâtir librement. Si cela ne gêne pas sa concentration, verbalisez ses actions et les changements opérés sur les édifices (qui deviennent « plus grands », « plus larges »...). À l'issue du jeu, demandez-lui de photographier à nouveau les œuvres. Les photos avant/après peuvent être imprimées et placées côte à côte pour servir de base à un jeu des différences.

Construire autrement avec du même

matériel

Cubes de toutes sortes en deux exemplaires. Gros cubes ou boîtes en carton.

Demandez à votre enfant de trier ses cubes de manière à constituer le plus possible de **paires identiques**. Une fois l'exercice terminé, divisez ce stock en deux lots rigoureusement semblables (couleur, taille, forme). Construisez alors ensemble, à l'aide des cubes en carton, un mur bas qui coupe l'espace de jeu en deux. Installez-vous chacun de part et d'autre de cette paroi, avec un des lots de cubes. Chacun crée alors librement, sans voir ce que fait l'autre. Lorsque tout le monde a terminé, ôtez la cloison et comparez les œuvres produites.

Variante
Ces activités peuvent être proposées avec des Duplo, des Lego, des Clipo...

Cubes en cartes

matériel

Cubes en bois de différentes formes. Papier Canson blanc et feutre noir.

En amont, préparez des cartes, découpées dans le papier blanc, sur lesquelles vous tracerez le contour d'une face caractéristique de chaque cube retenu (une carte peut exister en plusieurs exemplaires). Ainsi, vous obtiendrez un carré pour un cube, un triangle pour une pyramide à base triangulaire, un cercle pour un cylindre, etc. Montrez ces cartes à votre enfant et laissez-lui le temps de retrouver les cubes correspondants. Puis, faites-lui tirer au sort une série de cartes (entre 4 et 6) et retrouver les cubes correspondants. Le but du jeu consiste à construire avec ces cubes-ci, et ceux-là seulement. Vous pouvez corser le jeu en lançant de petits défis : « Peux-tu construire un bateau avec ces quatre cubes ? Et une maison ? Un pont ? »

lire, ça inspire !

Iggy Peck l'architecte, Andrea Beaty, David Roberts, Sarbacane, 2009.

D'autres jeux de collaboration

JEUX dehors

Dès 7 ans

Cette activité se joue à plusieurs, de trois à huit participants. Elle renforce l'esprit d'équipe et l'écoute de l'autre. Proposez-la à votre famille ou vos amis après avoir longuement observé la manière dont les chenilles se déplacent dans la nature (voir p. 149 « Métamorphose »).

matériel

Foulards, petits gobelets, eau.

1. Les joueurs reçoivent un foulard, pour bander leurs yeux, et un gobelet rempli d'eau. Ils se placent en fil indienne, une main posée sur l'épaule du coéquipier qui précède, l'autre main maintenant le gobelet. Seule la première personne de la file – la « tête » de la chenille – n'a ni bandeau ni gobelet. Son rôle est de **guider** son « corps », à la voix, à l'aide d'indications spatiales. Les joueurs essaient de se mouvoir harmonieusement, sans perdre l'eau du gobelet.

2. Bien sûr, le « chef » s'amuse à leur faire traverser **quelques épreuves** : milieux variés, obstacles…

3. Au bout de quelques minutes, **changez les rôles** : le leader se bande les yeux et prend la queue de la file. Un autre joueur le remplace et prend le gobelet. Dans une manche, tous les participants doivent accéder, sur un temps court, à la position de meneur.

4. À la fin du jeu, ôtez les bandeaux, et **prenez le temps de discuter** ensemble de l'expérience vécue : « Était-il possible de se déplacer comme un seul corps ? Comment imaginer appartenir à un même corps et constituer ses différentes parties ? Les joueurs ont-ils sollicité leur logique, leur instinct, leurs sens ? Ont-ils aimé être meneur ? Quelle sensation éprouve-t-on, les yeux bandés ? De la frustration, de la concentration, de l'appréhension ? » Terminez en comparant les niveaux d'eau restant dans les gobelets… La prochaine fois, vous ferez mieux !

Prolongement

Premier jeu : assis en cercle, les enfants se passent deux ballons de main en main – un petit, qui représente la souris, et un gros, qui représente le chat. Lorsque le chat rattrape la souris, les deux ballons repartent en sens inverse.

Deuxième jeu : deux équipes font la course, laquelle parviendra à traverser le terrain sans mettre un pied au sol ? Tous les joueurs sont juchés sur un pavé. Un pavé supplémentaire est placé au sol, derrière le dernier de la file. Les participants se le transmettent pour avancer. Si un joueur « tombe à l'eau », toute son équipe retourne au point de départ.

lire, ça inspire !

Cent vingt-trois, Eddy Pallaro, Marie Poirier, Actes Sud Papiers, 2008.

Jardin de sable

• JEUX •
d'imitation

Dès 3 ans

Jouer à planter et à entretenir un jardin luxuriant est très motivant pour les enfants de tous âges. Cette activité sensorielle et poétique est une première approche des concepts biologiques, elle encourage la créativité, la dextérité et la capacité à résoudre des problèmes.

matériel

Petits outils de jardinage : truelle, plantoir, pelle, râteau, arrosoir… Fleurs et légumes en plastique ou en tissu, taille réelle. Un bac à sable (d'extérieur ou d'intérieur : « table » à sable). Herbes, feuilles, brindilles… Vase.

1. Abordez avec votre enfant **le thème du jardinage** : que sait-il faire dans ce domaine ? Partagez votre expérience, ou lisez un livre sur ce thème, mettant en scène des jardiniers en exercice. Que font les gens quand ils jardinent ? Montrez les outils que vous avez réunis, laissez à l'enfant le temps de les observer et de les manipuler ; encouragez-le à vous dire à quoi ces objets peuvent servir.

2. **Placez les outils dans le bac à sable**, et observez comment votre enfant les manipule. Laissez-le jouer librement plusieurs jours avant de lui proposer de réaliser un jardin « pour de faux ». Laissez votre enfant inventer et détourner selon son inspiration – des brindilles seront récoltées pour les tiges, des herbes et des feuilles cueillies aux alentours viendront égayer le jardin…
Vous pouvez enrichir le jeu par des questions ou des commentaires, comme « Je vois que tu as tracé de long sillons, comme ceux du livre que nous avons lu. » ou « Oh, je crois que des mauvaises herbes poussent à côté de tes plantes ! Quel outil peut-on utiliser pour les arracher ? »

3. Un autre jour, **présentez les plantes artificielles** : « De quoi les végétaux ont-ils besoin pour grandir ? » Procurez à l'enfant de quoi arroser abondamment son jardin. Le sable mouillé permettra d'y planter solidement les fleurs artificielles.

4. **Jouez à récolter** : « Ce serait joli, un bouquet de tes fleurs sur la table de la cuisine. Quelles tiges seraient assez hautes pour tenir dans notre vase ? »

Prolongement
Certains enfants apprécieront de jouer au marchand avec leur production : prêtez main forte pour arranger un étal coloré et bien garni.

lire, ça inspire !

Dans mon jardin, Jeanne Estival, Élodie Nouhen, Bilboquet, 2003.

Pince-moi !

Les tris de petits éléments constituent des challenges pour les enfants de tous âges. Trier est l'activité logique par excellence : elle permet d'établir des critères communs à des objets disparates. De plus, utiliser des pinces et des outils de préhension variés muscle les doigts en vue de l'apprentissage de l'écriture.

matériel

Outils divers : passoires, cuillères et pinces, baguettes chinoises… Matériaux : légumineuses sèches (lentilles, fèves, pois…), graines (cardamome, courge…), riz, sable… Plateaux et boîtes peu profondes.

❶ **Disposez les éléments** à séparer sur des plateaux ou dans des boîtes. Variez les propositions. Par exemple, utilisez une boîte compartimentée pour déposer plusieurs types de graines sans les mélanger. Dans un autre plateau, alignez plusieurs matériaux pour former des rayures de couleurs et textures contrastées. Enfin, un troisième récipient peut accueillir des matériaux mélangés. Veillez toujours à varier les coloris et les diamètres des éléments, et n'en disposez pas plus de trois sortes par récipient. Disposez aussi sur votre table quelques contenants vides, ainsi que les outils de préhension (pinces, baguettes…).

❷ **Partagez idées, compétences et expertises** autour de cette proposition : « Quels outils peut-on utiliser pour séparer et trier ces éléments ? » Chacun expérimentera de son côté, en s'inspirant éventuellement des techniques et des stratégies d'autrui. Par exemple, un adulte mettra sa dextérité au service de l'hypothèse d'un enfant, qui n'a pas encore la force musculaire pour la vérifier.

❸ **Verbalisez les actions observées** (« pincer », « saisir », « faire glisser »…), nommez les outils et les matériaux. Si nécessaire, prenez le temps de montrer à l'enfant, avec des gestes lents et appliqués, comment manipuler un outil nouveau de manière efficace et sûre.

Conseil
Veillez à adapter l'activité à la motricité de chacun et pratiquez-la en famille, toutes tranches d'âge confondues.

Prolongement
Au cours de la vie quotidienne, proposez une grande variété d'objets et de matériaux, vous serez étonné des compétences déployées par votre enfant pour les manipuler.
Sollicitez tous ses sens et aidez-le à mettre des mots sur ses sensations en lui apportant le lexique adapté.
Enrichissez ses jeux en mêlant aux jouets « classiques » des boîtes contenant des éléments naturels (pierres, pommes de pin, branches…).
Organisez des séances de modelage (pâte à modeler, argile, sable) avec de petits matériaux à enfoncer, imprimer, etc., tels que : brindilles, grosses graines, fleurs sèches, coquillages, cailloux…

lire, ça inspire !

Dans un jardin, Georg Atak, éditions Thierry Magnier, 2015.

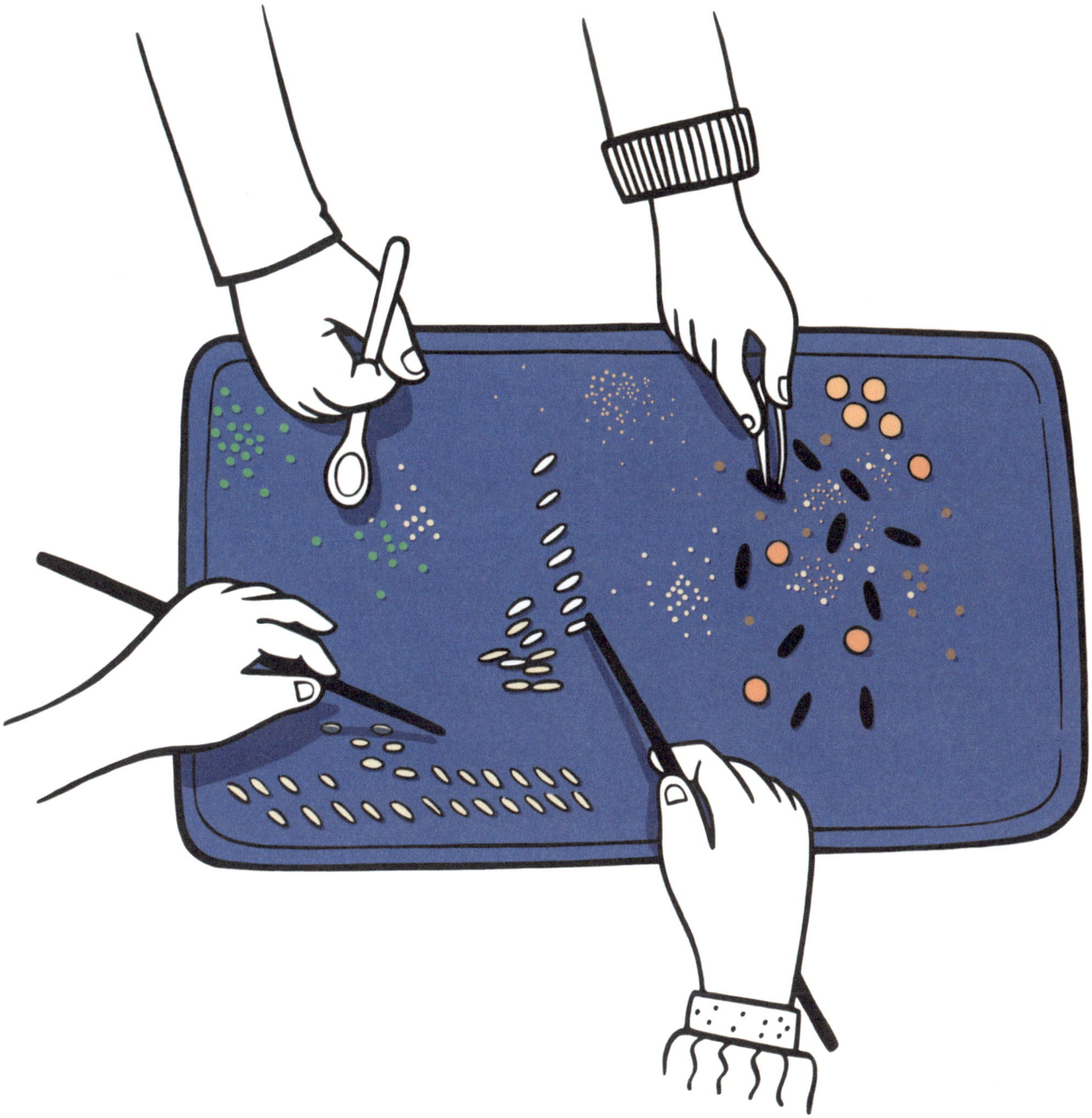

Réflexion

• JEUX • de lumière

Dès 8 ans

Voici une petite exploration pour répondre à la question : de quoi dépend la couleur des objets ?

matériel

Lampe de poche. Grande feuille de papier blanc, feuilles de papier coloré (idéalement en format A3). Lampe de bureau, une ampoule blanche et une ampoule rouge. Saladier rempli de pompons de toutes les couleurs, bol.

1 **En amont**, étalez une grande feuille blanche sur une table. Posez à proximité la lampe de poche et les feuilles de papier coloré. Invitez votre enfant à découvrir le matériel installé avec la lampe de poche et guidez-le en tenant entre vos mains une feuille rouge parallèlement à la feuille blanche, au-dessus de la table. Encouragez toujours, dans la mesure du possible, la formulation d'hypothèses, suivie, dans un second temps, de la vérification pratique : « À ton avis, si tu éclaires ce papier rouge, que va-t-il se passer ? »

2 Prenez le temps d'observer et de commenter le fait que la couleur rouge se reflète sur la feuille blanche, puis **recommencez avec un papier bleu**, puis avec d'autres couleurs. Aidez votre enfant à formuler ses découvertes en lui fournissant le lexique consacré : « La lumière de ta lampe est composée de nombreuses couleurs. Quand elle rencontre le papier rouge, les rayons rouges sont renvoyés. On dit que le papier rouge réfléchit la lumière rouge. »

3 **Observez votre environnement** : « Le papier rouge réfléchit la lumière rouge. C'est ce que fait également une pomme rouge. Quelle couleur renvoie ce papillon bleu ? Et cette banane ? » Si possible, sortez pour regarder les couleurs de la nature : « La lumière du soleil éclaire la Terre, et cette lumière, comme celle de ta lampe, contient beaucoup de couleurs. La mer bleue réfléchit la lumière bleue. Les nuages blancs réfléchissent toutes les couleurs ensemble. » Décrivez avec votre enfant les différentes nuances du paysage (prés verts, terre brune, rochers gris…) : « Chaque couleur du monde est une parcelle de lumière réfléchie qui arrive à ton œil. »

4 De retour à la maison, présentez **le saladier rempli de pompons** à votre enfant. Éteignez la lumière de la pièce et éclairez le saladier à l'aide de l'ampoule blanche que vous aurez vissée sur la lampe de bureau. « Peux-tu trier les pompons de couleur bleue et les mettre dans ce bol ? » Réitérez l'expérience avec l'ampoule rouge. « Que se passe-t-il ? Pourquoi ? »

Prolongement

Fabriquez un disque de Newton avec votre enfant pour qu'il constate qu'une fois en rotation rapide, les couleurs de l'arc-en-ciel associées sont perçues en blanc.

lire, ça inspire !

Quelles couleurs !, Régis Lejonc, éditions Thierry Magnier, 2009.

Aquarelle émotionnelle

• JEUX • musicaux

Dès 6 ans

La musique et l'art plastique sont intimement liés. Ensemble, ils permettent aux enfants de donner une forme à leurs émotions, et de se mettre à distance des sentiments qui peuvent éventuellement les submerger. Plus prosaïquement, cette activité favorise la musculation de la main et la découverte d'une grande variété de morceaux musicaux.

matériel

Palette d'aquarelle et pinceaux, papier blanc épais. Bol d'eau. Feutre noir. Papier machine. Lecteur CD, disques de musiques instrumentales aux genres et aux tempos variés. Livre sur le thème des émotions.

1. **Lisez** à votre enfant un livre sur le thème des émotions : parcourez-le lentement, en prenant le temps, après avoir lu le texte de chaque page, de vous arrêter pour décrire l'image et échanger sur les émotions. Posez des questions ouvertes pour aider l'enfant à exprimer son ressenti sans interférer : « Tu penses qu'il se sent comment, le personnage de ce livre ? », « Et toi, quelle est l'expression de ton visage ou de ton corps quand tu ressens cela ? »

2. **Engagez l'enfant à écouter** un morceau de musique. Vous pouvez danser ensemble, en essayant de traduire les émotions ressenties. Après l'écoute, verbalisez vos expériences : « Quand j'écoute cela, c'est si lent ! Je me sens fatigué, et j'ai envie de bouger tout doucement... », « Ce morceau me remplit d'énergie, j'ai envie de courir dans toute la pièce ! »

3. **Installez-vous autour d'une table** sur laquelle vous aurez disposé le matériel d'art : aquarelle, eau, pinceaux et papier épais. Lancez une musique calme et proposez à l'enfant de dessiner ses émotions sur sa feuille. Prévoyez de nombreuses feuilles de papier supplémentaires, certains enfants réalisent plusieurs œuvres en quelques minutes ! Variez les extraits, en étalant cette activité sur plusieurs jours si l'enfant se fatigue. Invitez-le enfin à vous parler de son œuvre et des sentiments qu'elle représente, notez ses paroles et agrafez-les à son travail.

Conseil
Écoutez une grande variété de morceaux – sur plusieurs jours si nécessaire – afin que l'enfant constitue son répertoire de sensations.

lire, ça inspire !

Aujourd'hui, je suis, Mies Van Hout, Minedition, 2011.

À la loupe !

Le monde microscopique fascine petits et grands. Quant à la loupe, sa manipulation est une compétence complexe : l'enfant doit apprendre à trouver le point focal afin d'observer efficacement. C'est un excellent outil pour encourager l'attention, l'exploration et l'investigation !

Découvrir la loupe

matériel

Loupe à main incassable ou loupe électronique rectangulaire. Grand plateau. Divers éléments naturels : fruits entiers et en quartiers, gousses, pommes de pin…

La sécurité d'abord !
Les jeunes enfants trouveront peut-être plus facile d'utiliser une loupe sur pied ou une grande loupe de lecture.

Disposez les éléments naturels et les loupes de manière attirante (par exemple à l'extérieur, sur un grand plateau) et invitez votre enfant à **les manipuler librement**. Répondez à son intérêt en ajoutant éventuellement d'autres végétaux – plus l'enfant est grand, plus les éléments peuvent être petits. Observez ses stratégies pour utiliser la loupe. Lorsque sa concentration retombe, aidez-le à formuler ses observations.

Variante
Des éléments naturels placés sur une table lumineuse permettent à l'enfant de se concentrer sur le détail de leurs formes, leurs textures et leurs structures. Proposez également des photographies macroscopiques, reprenant des détails d'objets que vous disposerez en regard de ces images. Votre enfant saura-t-il reconnaître de quel objet votre photo est le détail ?

Trier des pierres

matériel

Loupe à main incassable. Collection de pierres propres récoltées en promenade. Assiettes ou coupelles, calepin et stylo.

Disposez le matériel de manière attractive en proposant à votre enfant de **trier les pierres** dans des assiettes en fonction de leurs tailles, leurs textures, leurs formes ou leurs couleurs… Laissez-le s'engager dans cette activité en observant les critères qu'il choisit et les questions qu'il se pose. Prenez ensuite en note, sous sa dictée, ses commentaires et ses découvertes, et établissez une liste des différences ayant permis de trier les pierres.

Prolongement
Si vous disposez d'une balance de Roberval, pesez les pierres, en invitant votre enfant à prédire laquelle sera la plus lourde et laquelle sera la plus légère. Consacrez un recoin d'étagère à un « musée des pierres » : demandez à l'enfant de sélectionner ses pierres les plus intéressantes et de les étiqueter (il peut écrire, mais aussi dessiner, réaliser un schéma…). Proposez d'observer de la glace à la loupe, et de dessiner les cristaux observés !

lire, ça inspire !

Espèce de cornichon !, Stéphane Frattini, Milan Jeunesse, 2010.

Danse avec le vent

JEUX musicaux

Dès 18 mois

Les tout-petits vivent les éléments naturels dans leur corps. Cette activité motrice et esthétique se double d'une expérience physique puisqu'elle permet d'observer les effets du vent sur un objet léger. Choisissez bien sûr un jour de grand vent pour mener cette exploration.

matériel

Ballons de baudruche solides, rubans ou ficelle.

1. **À l'intérieur** : proposez des ballons de baudruche à votre enfant et laissez-le jouer, aussi longtemps qu'il le souhaite. Assurez-vous d'écarter les objets fragiles ou pointus, poussez éventuellement les meubles afin de ménager l'espace nécessaire.

2. **Interagissez** physiquement et verbalement, en décrivant brièvement les actions de votre enfant : « Tu donnes de petits coups dans le ballon pour qu'il reste en l'air. Tu parviens à le faire tenir en équilibre sur ta tête ! Avec quelle autre partie du corps pourrions-nous taper le ballon ? » Soyez imaginatif et suggérez de nouveaux mouvements afin de nourrir l'exploration : tapez dans le ballon avec votre pied, lancez-le en l'air, faites-le tourner, lancez-le à votre enfant…

3. **Attachez un ballon** au poignet de votre enfant avec une ficelle ou un ruban. Sortez, et prenez le temps d'observer les effets du vent sur le ballon, de courir et de danser dans la bourrasque. Essayez de proposer quelques-uns des mouvements que vous avez expérimentés à l'intérieur et voyez si l'enfant s'en empare ou non. Encouragez les comparaisons du mouvement (des corps et des ballons) en intérieur et en extérieur. Questionnez : « Qu'est-ce qui fait bouger ton ballon ? », « Qu'est-ce qui se passe quand tu fais rebondir le ballon dans le vent ? »

La sécurité d'abord !
L'éclatement des ballons peut effrayer certains enfants. Utilisez des ballons épais et ne les gonflez pas trop. Réagissez toujours posément en cas d'éclatement, et gardez en réserve quelques ballons de rechange. Ramassez consciencieusement les lambeaux de ballons éclatés en expliquant à votre enfant qu'ils sont très polluants. Et conservez-les pour réaliser un collage artistique !

lire, ça inspire !

Voilà mon ballon rouge !, Tiziana Romanin, Sarbacane, 2006.

Les couleurs de l'arc-en-ciel

• JEUX • de lumière

Dès 8 ans

La lumière est faite d'une série d'ondes. En les séparant, on obtient les couleurs de l'arc-en-ciel. Cette activité permettra à votre enfant d'appréhender ce phénomène physique contre-intuitif par la manipulation et l'expérience.

matériel

Lampe de poche. Objets en verre : prisme optique, gros bouchon de carafe à facettes, ramequins en verre taillé… Plat de cuisine, bassine, pichet d'eau. Miroir. Feuilles de Cellophane colorées.

1 Invitez votre enfant à jouer avec une lampe de poche et attirez son attention sur **la couleur de la lumière** : « De quelle couleur est la lumière de ta lampe ? » Vous conviendrez peut-être qu'*a priori*, elle semble blanche, incolore. Encouragez votre enfant à formuler ce qu'il sait des couleurs et de leur composition.

2 Présentez **les objets en verre** que vous avez réunis et laissez-le les manipuler. Encouragez-le à décrire leur matière et leur aspect : « En quoi ces objets sont-ils faits ? Vois-tu leur forme ? Il y a des facettes, des angles… » Proposez d'orienter la lampe sur eux : le verre diffracte la lumière en plusieurs couleurs. Décrivez ensemble ce phénomène pour arriver à la conclusion que la lumière blanche se compose en réalité de plusieurs couleurs mélangées.

3 **Fabriquez un arc-en-ciel**. Lancez ce petit défi : « Peut-on voir les couleurs dont se compose la lumière du soleil ? Comment ? » Disposez devant votre enfant un miroir, un plat de cuisine ou une bassine et un pichet d'eau. Guidez l'expérience par vos questions : « Peux-tu placer le miroir dans la bassine et orienter le tout au soleil, pour que les rayons forment un cercle lumineux sur le mur ? » « Que se passe-t-il si tu verses de l'eau dans la cuvette, maintenant ? » Observez le point lumineux sur le mur : il est à présent composé de plusieurs couleurs. Aidez votre enfant à formuler cette conclusion : l'eau sépare la lumière du soleil en plusieurs couleurs. Expliquez que c'est le principe de l'arc-en-ciel : lorsque l'air est chargé d'eau, les rayons du soleil passent à travers ces gouttes, qui séparent la lumière en touches de couleurs. Prises toutes ensemble, elles forment un arc-en-ciel.

Conseil
Le miroir doit être suffisamment grand pour dépasser de la bassine, dans une position oblique.

lire, ça inspire !

La lumière, magicienne des couleurs, Jean-Pierre Verdet, Luc Favreau, Gallimard Jeunesse, 1992.

Mini-mondes

Créer des univers miniatures développe l'imagination, affine l'observation de l'environnement, et amène à résoudre des problèmes.

matériel

Petits paniers, cubes variés, boîtes à chaussures. Matériaux de petit bricolage : Scotch, boules de coton, papier aluminium, papier Canson, pinces à linge, pâte à modeler, carreaux de mosaïque, bobines de fil vides, chutes de tissu et de papier peint, bouchons de bouteille… Accessoires : petites poupées, animaux en plastique, petits arbres, petits panneaux de circulation, véhicules, train et circuit de rails, jetons…

1. **Disposez le matériel de manière attrayante** en classant les éléments par catégories dans de petits paniers. Présentez l'installation à votre enfant et laissez-le manipuler aussi longtemps qu'il le souhaite. Si l'intérêt s'essouffle, demandez-lui de fermer les yeux très fort et d'imaginer le monde merveilleux qu'il voudrait fabriquer avec tout cela. Encouragez-le à le décrire aussi précisément que possible.

2. Laissez à votre enfant le temps nécessaire pour qu'il puisse **donner forme à ses idées**. Offrez votre aide si nécessaire, et n'hésitez pas à ajouter des matériaux en fonction de ses besoins.

3. Après un temps d'observation, lorsque vous sentez que cela n'interrompra pas sa concentration, mais l'aidera à clarifier ses idées, **décrivez et interrogez son travail** : « Je vois que tu construis un édifice avec beaucoup de pièces. Qui vit ici ? » ou « On dirait que tu as transformé cette boîte en caverne ? Est-ce la maison des ours ? Par où rentrent-ils, et qu'y a-t-il à l'intérieur ? »

4. Encouragez votre enfant **à décorer** et à ajouter des détails à l'aide des matériaux de bricolage : par exemple, les chutes de tissu ou de papier peuvent figurer tapis ou couvertures, être scotchés sur les murs pour les orner, ou constituer des cloisons ou des enclos…

Conseil
Consacrez un petit espace pour ce jeu, de manière à ce que votre enfant ne soit pas interrompu dans ses recherches : certains prennent plaisir à ajouter des éléments petit à petit pour faire évoluer leur jeu, sur plusieurs jours.

Prolongement
Certains enfants aiment inventer des scénarios à partir de leur décor. Prenez des photographies de leurs mises en scène, et légendez-les sous leur dictée pour créer des livres très personnels.

lire, ça inspire !

Nouvelle maison pour la famille Souris, Kazuo Iwamura, L'École des loisirs, 1985.

Il neige !

JEUX d'arts

Dès 6 ans

La succession des saisons est d'une importance capitale pour les enfants qui les vivent dans leur corps et pour qui elles représentent une part considérable de leur courte vie. Nourrir ce lien à la temporalité et à la nature, c'est ce que propose cette activité en trois dimensions.

matériel

Photographies de flocons de neige. Chips de polystyrène pour emballage, cure-dents. Petites boîtes à chaussures, fil de pêche.

1. Engagez avec votre enfant **une conversation sur la neige** : « Est-ce qu'il neige souvent dans notre région ? Sinon, où pourrait-on aller pour voir la neige ? » Parlez de l'apparence physique de la neige, de sa texture, de son parfum, de son goût, des sons qu'elle produit.

2. Observez d'abord des macrophotographies de flocons de neige. Expliquez que chaque flocon est unique. Placez les matériaux au centre d'une table de manière attirante et proposez à votre enfant de **fabriquer ses propres flocons** en piquant les papillons de polystyrène sur les cure-dents. Encouragez-le à matérialiser sans limite toutes les formes qu'il imagine. Suspendez les œuvres dans de petites boîtes à chaussures vides à l'aide de fil de pêche : fixées au mur par le fond, elles constitueront des « cadres ».

Prolongement

S'il neige dans votre région, étendez un tissu noir à l'extérieur et faites observer la structure d'un flocon à votre enfant à l'aide d'une loupe et d'un appareil photo en mode « macro ».
Invitez-le à créer du givre : après avoir réalisé un dessin au crayon (en appuyant bien) sur une feuille de couleur sombre, il repassera son tracé au Coton-Tige® avec un mélange à part égale d'eau et de sel d'Epsom (ou sulfate de magnésium).
Organisez une exposition sur le thème de la neige, avec livres documentaires, photographies et œuvres familiales. Encouragez votre enfant à décrire les travaux présentés et prenez en note ses observations. Vous les épinglerez ensuite en vis-à-vis des œuvres, puis inviterez vos proches à venir visiter votre musée.

lire, ça inspire !

Il a neigé ce matin, Steffie Brocoli, Mango Jeunesse, 2012.

Chapeaux !

JEUX d'imitation

Dès 5 ans

Les déguisements passionnent les enfants et il est assez facile de leur fournir un espace consacré pour libérer leur créativité : une malle pleine de tissus et d'accessoires, un miroir en pied, un coffret de bijoux ou de maquillage… Cette activité est une alternative à ce type de jeu libre, quand vous constatez qu'il s'essouffle.

matériel

Matériaux pour fabriquer des chapeaux : papier journal, assiette en carton, rubans, ficelle, boutons, chutes de papier et de tissu… Feutres, colle. Chapeaux de déguisements. Miroirs acryliques. Une caisse enregistreuse et de la monnaie en plastique. Images de chapeaux portés par des hommes, des femmes et des enfants de différentes cultures.

1. Évoquez les différents chapeaux connus de l'enfant, ceux imposés par certaines professions, ceux qui sont seulement esthétiques… Examinez les images de sujets portant des chapeaux : « Certains chapeaux se ressemblent-ils ? En quoi diffèrent-ils ? Quels sont les chapeaux qui donnent un indice sur le climat ? »

2. Si possible, prenez le temps de **visiter une chapellerie**, et encouragez votre enfant à décrire les chapeaux et à exprimer ses préférences.

3. De retour à la maison, **disposez les matériaux** sur une table basse et invitez votre enfant à fabriquer ses propres chapeaux en les agençant comme il l'entend. Assistez-le dans les gestes pratiques qu'il ne parvient pas à réaliser (nouer, coller…) mais laissez-le vous guider et suivez ses choix – même s'ils ne vous semblent pas judicieux ni viables techniquement.

4. Au terme de l'activité, observez ensemble les œuvres produites, et décrivez-les. « Pouvons-nous utiliser les chapeaux que tu as fabriqués pour ouvrir **ta propre chapellerie** ? De quoi avons-nous besoin ? Quels rôles pouvons-nous jouer ? » Cherchez ensemble comment détourner les meubles (tables, chaises…) pour votre installation. Guidez par des questions : « Où vas-tu mettre les chapeaux à vendre ? Les clients peuvent-ils essayer les chapeaux ? Comment sauront-ils s'ils leur vont ? Comment connaîtront-ils les prix ? » Laissez à l'enfant tout le temps de développer ses propres scénarios.

Prolongement
Votre enfant peut utiliser son matériel d'art pour créer des affiches, des étiquettes… Il peut aussi imaginer un stand de confection sur mesure, à la demande des clients !

lire, ça inspire !

Chapellerie pour dames de cœur, chats bottés et enfants songes, Frédéric Clément, Albin Michel Jeunesse, 2010.

Refuge sauvage

Bâtir une cabane est certainement l'une des plus anciennes activités de l'humanité. Les enfants d'aujourd'hui réquisitionnent les canapés, recouvrent les chaises de vieilles couvertures... Pourquoi ne pas les assister pour leur offrir la possibilité de construire une vraie cabane, solide et esthétique, qui deviendra leur repaire privé ?

matériel

Vieux gants de jardin, couteau suisse, ficelle, et une bonne dose d'imagination : le principe de cette activité est d'utiliser ce que vous trouverez sur le site !

1 **Le choix du site.** Si vous avez la chance de bénéficier d'une forêt près de chez vous, mettez-vous en quête de l'emplacement idéal. Pour les moins bien lotis, un bout de jardin ou de pré conviendra. Respectez toujours la faune et la flore locale, et choisissez un site bien sec, dépourvu de végétation. Assurez-vous de disposer de suffisamment de bois mort, de toutes tailles, dans le périmètre. Pour plus de solidité et de poésie, essayez d'appuyer votre construction sur un élément existant : tronc couché, rocher...

2 **La construction.** La supervision d'un adulte est indispensable !

- Commencez par choisir trois grosses branches longues et épaisses que vous lierez solidement par leur sommet à l'aide d'une ficelle ou d'un jonc, pour obtenir une structure pyramidale.

- Habillez la plus grande des faces de la pyramide, le mur « porteur », de branches plus petites, verticales puis horizontales. Puis continuez avec des joncs, de la mousse et des feuilles. Commencez toujours par le bas, en entremêlant les végétaux patiemment, le plus densément possible. Si ce travail est bien fait, la cloison sera imperméable !

- Habillez plus grossièrement la deuxième face de la pyramide, en la consolidant de bâtons plantés assez serrés dans le sol, par exemple, et appuyés contre ce cadre. Vous pouvez aussi appuyer ce mur contre un élément naturel (rocher, tronc...)

- La troisième face de la pyramide reste vide, pour figurer la porte.

3 **Après l'effort...** Décorez votre cabane selon l'inspiration et fêtez votre nouvelle maison avec un pique-nique !

La sécurité d'abord !
Ne laissez pas les enfants utiliser des couteaux sans surveillance. Méfiez-vous des plantes épineuses et prévoyez des gants pour toute la famille. N'allumez pas de feu en forêt !

lire, ça inspire !

À chacun sa cabane, La cabane sur le chien, 2009.

Sens dessus dessous

JEUX de cubes

Dès 4 ans

Les cubes sont un excellent support pour développer le vocabulaire spatial et le repérage dans l'espace. Cette activité engage à résoudre des problèmes en utilisant tout son corps.

matériel

Gros cubes en bois, gros cubes en carton. Grand carton, table basse, chaise, paravent… Poupée ou nounours.

1 Demandez à votre enfant s'il sait ce qu'est **un parcours d'obstacles**. Construisez ensemble un parcours pour sa poupée ou son nounours favori en utilisant quelques objets de sa chambre. Expliquez, en mimant la situation, qu'un parcours de ce type présente des obstacles qu'il faut contourner, escalader, etc. Invitez votre enfant à manipuler sa poupée, à lui faire gravir les objets et à fabriquer d'autres parcours.

Conseil
Essayez de monter votre installation en amont, sans votre enfant, de manière à ménager l'effet de surprise.

2 **Construisez un parcours d'obstacles** dans votre salon en disposant les meubles et un gros carton (évidé sur deux faces pour figurer un tunnel) de façon à ce que votre enfant puisse tourner autour, passer dessus, dessous… Dans un coin de la pièce, disposez les paniers de cubes. Laissez-le découvrir ensuite le parcours, et l'explorer. Verbalisez ses actions : « Tu te glisses dessous. Tu passes par dessus, etc. »

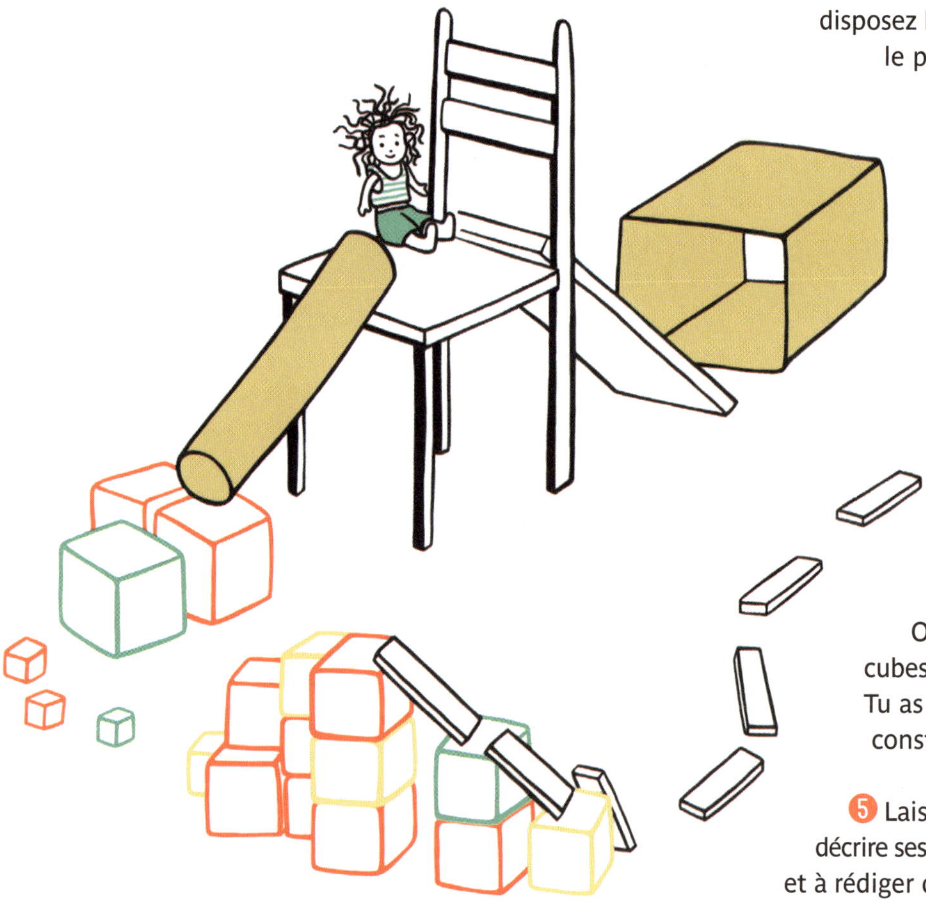

3 Lorsque l'intérêt retombe, attirez son attention sur **les cubes** : « Penses-tu pouvoir utiliser ces cubes pour construire et franchir les obstacles ? » Laissez votre enfant réfléchir à ce défi et exprimer ses idées de mise en œuvre. Observez ensemble les obstacles et précisez votre questionnement en fonction de chacun : « Quel obstacle pourrait être traversé, de part et d'autre, par une de tes constructions ? Pourrais-tu construire sous celui-là ? Sur celui-ci ? »

4 Laissez votre enfant **construire librement**. Observez et décrivez ses productions : « Ce mur de cubes traverse le carton, il commence ici et se termine là. Tu as construit sous la table. Penses-tu pouvoir construire autour d'elle aussi ? »

5 Laissez ensuite votre enfant **vous expliquer ses choix**, décrire ses constructions. Vous pouvez l'aider à les photographier et à rédiger des légendes réinvestissant le vocabulaire spatial : « sous », « sur », « autour de », « à travers ».

lire, ça inspire !

Devine qui fait quoi, une promenade invisible, Gerda Muller, L'École des loisirs, 2002.

En formes et en musique !

JEUX musicaux

Dès 6 ans

La musique évoque des couleurs et des formes, en particulier pour les enfants qui lient leurs sensations plus aisément que les adultes. Ils adhèreront ainsi très simplement à cette activité, en sachant représenter visuellement les sons entendus.

matériel

Grande feuille de papier (format raisin), papier journal, ruban adhésif. Crayons de couleur, de cire, feutres… Sélection de disques.

1. **Préparez l'espace.** Placez une grande feuille blanche sur le sol, préalablement recouverte de papier journal. Fixez le tout avec du ruban adhésif pour éviter les glissades, et, à proximité, disposez le matériel d'art plastique de manière attractive.

2. **Asseyez-vous sur le sol** avec votre enfant pour écouter un morceau choisi. Dansez avec vos bras en suivant la musique et créez des formes dans l'air en les arrondissant, les étirant, en joignant vos mains, etc. Votre enfant vous imitera peut-être. Après l'écoute, passez en revue les formes produites, et décrivez-les : « Étaient-elles grandes ou petites ? Rondes ou pointues ? »

3. Proposez ensuite **de dessiner la musique** : engagez votre enfant à s'installer devant la feuille de papier et relancez le morceau précédemment écouté. Asseyez-vous et reprenez votre danse des mains improvisée. Laissez l'enfant tracer librement : peut-être s'inspirera-t-il de vos gestes, ou développera-t-il ses propres idées.

4. À la fin du morceau, **parlez ensemble des formes** tracées sur le papier, de leur taille, de leurs couleurs, du matériel utilisé. Puis recommencez l'activité avec un autre type de musique, et comparez les productions picturales élaborées en fonction des ambiances sonores.

Variante
Cette activité peut être effectuée avec de la peinture à doigt. Voir aussi p. 92, « La danse de la peinture aux pieds ».

lire, ça inspire !

De toutes les formes !, *Les Formes dans l'art*, Béatrice Fontanel, Palette…, coll. Mon premier musée, 2013.

Cherchez l'indice !

Cette activité sensibilise l'enfant au règne animal et à l'environnement. Certaines traces, comme les restes de nourriture ou les crottes, sont de précieux indices sur les habitudes des animaux qui vivent à nos côtés. Encouragez les collections de plumes, elles sont très agréables à manipuler et serviront de base à de nombreuses autres activités créatives.

matériel

Loupe, sac à trésors, bâton, guide nature. Petit récipient, pince à épiler. Papier essuie-tout. Facultative : eau de Javel.

1 **Plumes.** Enquêtez avec votre enfant sur ce que vous dit celle que vous trouvez au sol et invitez-le à observer les motifs et les couleurs de cette plume en particulier, à rechercher à quelle espèce elle appartient et de quelle partie du corps elle provient. Si elle est isolée, usée et effilochée, l'oiseau l'a certainement perdue lors d'une mue. Si les plumes sont retrouvées groupées en grande quantité, il s'agit plutôt de la trace d'une prédation. Incitez votre enfant à valider ces hypothèses par d'autres indices.

2 **Ossements**. Ils témoignent généralement d'une prédation. Si le squelette a été nettoyé par les charognards et le soleil, vous pouvez le prélever pour le conserver et l'identifier.

3 **Restes de repas.** Cherchez sous les arbres des fruits tombés au sol (gland, le fruit du chêne ; faine, le fruit du hêtre...). Chaque animal les grignote à sa manière : le coléoptère fore un trou dans la noisette, alors que l'écureuil la casse en deux. De même, observez au plus près les morsures laissées dans les feuilles par les insectes ou les chenilles, les pommes de pin rongées... et retrouvez le nom de l'animal qui s'est régalé !

4 **Pelotes de réjection.** Vous les trouverez certainement à l'orée des nids de rapaces, mais aussi de corvidés (comme les corbeaux freux) et de laridés (comme les goélands). Leur dissection vous permettra de connaître le régime alimentaire de chaque oiseau. Aidez votre enfant à les observer (à la loupe et à la main, avec des gants) et à les décrire. Pesez-les, puis trempez-les dans un récipient d'eau avant de les déposer sur du papier absorbant et de les ouvrir avec une pince à épiler. Une fois la dissection terminée, trier les éléments découverts par catégorie : poils, plumes, os, morceaux de coquille, végétaux... Si vous souhaitez les garder, trempez rapidement les petits ossements dans de l'eau javellisée.

5 **Excréments.** Les matières fécales font partie des indices les plus intéressants sur la vie animale : ils permettent à la fois de certifier la fréquentation d'un lieu par telle espèce, et de fournir des informations sur son régime alimentaire.

La sécurité d'abord !
Ne laissez pas votre enfant toucher les excréments avec ses mains. S'il souhaite y découvrir des indices sur le régime alimentaire de l'animal, il peut utiliser un bâton.

lire, ça inspire !

Mammifères, Klaus Richarz, Illsegret Messerknecht, éditions Ulmer, 2011.

Une histoire à dire

JEUX d'éléments

Dès 6 ans

À ce stade de l'année, votre enfant est habitué à manipuler divers objets de récupération, il peut les utiliser pour exprimer ses idées et inventer des histoires. Pour l'encourager dans cette voie, il vous suffit de retrouver votre esprit d'enfant ! En lui offrant des matériaux ouverts aux possibles et en lui laissant le temps nécessaire, vous l'aiderez à élaborer des scénarios, justifier ses choix et décrire des situations, qu'elles soient concrètes ou abstraites.

matériel

Miroirs incassables, morceaux de feutrine de formes et couleurs différentes et/ou plateaux en bois. Éléments de récupération : petits pots en plastique transparent, couvercles, billes chinoises, pailles et tubes en carton, bouchons de bouteille, rubans et bouts de laine, pots-pourris, cailloux, pierres, coquillages, sable naturel ou coloré…

1. Encouragez votre enfant à **inventer de petites histoires** et à les scénariser à l'aide des objets à sa disposition. Impliquez-vous avec lui : installez-vous au sol, choisissez ensemble un « fond » pour votre décor (morceau de feutrine, plateau de bois…), décidez de mettre en scène les membres de la famille ou ses animaux favoris…

2. **Laissez-vous guider** par les choix de votre enfant tout en les nourrissant : les billes deviennent les éléments d'un trésor fabuleux, les cailloux du jardin servent à bâtir des remparts, de petites bouteilles deviennent des personnages familiers…

3. Demandez à votre enfant de **nommer les objets** manipulés, et de réfléchir aux sentiments des personnages mis en scène, puis de les exprimer.

4. **Photographiez l'histoire** au fur et à mesure de son avancement. Fabriquez ensemble un petit livre dont l'enfant vous dictera le texte et que vous aurez plaisir à relire de temps en temps.

Variante
S'il y a plusieurs participants, invitez-les à construire une histoire collective. Privilégiez dans ce cas des matériaux assez gros, qui serviront de base à un cadre plus monumental permettant à chacun de trouver sa place sans piétiner le travail des autres : planchettes de bois, briquettes, bûchettes, morceaux de gouttière ou de tuyaux d'arrosage…

lire, ça inspire !

Mon petit roi, Rascal, Serge Bloch, Sarbacane, 2009.

Dessin d'observation

• JEUX • d'arts

Dès 6 ans

Les dessins scientifiques induisent une observation attentive, et donc une compréhension approfondie de l'objet considéré. Cette activité invite à ralentir, et à prêter attention aux détails.

matériel

Carnets à croquis ou feuilles de papier. Crayons à papier, gommes, feutres à dessin noir (feutre permanent pour l'aquarelle). Facultatifs : aquarelle, pastels gras, crayons de couleur.

1. Proposez pour commencer **un sujet simple** ; partez par exemple d'une seule fleur dans un vase. Expliquez à votre enfant que vous allez travailler comme le font les artistes : observer en détail pour créer ensuite à partir de ses sensations.

2. **Installez-vous** à ses côtés avec votre propre matériel : carnet à dessin ou feuille de papier, crayon. Prenez un exemple en vous appuyant sur un détail du sujet : un pétale, une feuille… Expliquez, tout en dessinant, que vous n'allez pas représenter ce pétale d'un vague ovale grossier, mais que vous allez vous arrêter quelques minutes pour le regarder très attentivement. Ainsi, vous voyez apparaître une multitude de lignes : celles qui tracent le contour du pétale d'une manière bien plus ouvragée qu'on ne croit au premier regard, celles qui dessinent des veines sur le limbe, celles qui hérissent la surface de poils minuscules… Attirez l'attention de votre enfant sur ces détails puis procédez au dessin en expliquant que vous allez simplement suivre les lignes observées autour de l'objet, et sur l'objet.

3. Laissez ensuite votre enfant **procéder à son propre dessin** s'il le souhaite. Continuez de dessiner au coude à coude, dans le calme et la concentration.

Prolongement
Proposez à votre enfant de reprendre fréquemment son carnet pour dessiner tous les sujets qui lui semblent dignes d'intérêt (plantes, pierres, ossements, mais aussi objets domestiques…).

4. Expliquez que cette technique est à la frontière entre art et sciences, puisque son dessin « dit » quelque chose sur le vivant, tout en restant une interprétation personnelle. Invitez-le à **légender son travail** (en inscrivant le nom de la fleur représentée, par exemple).

lire, ça inspire !

Suis la ligne autour du monde, Laura Ljungkvist, Catherine Bonhomme, Circonflexe, 2009.

Soirée diapos

La lumière est un phénomène à la fois très familier et complètement étonnant. Cette activité permet à l'enfant de construire, par la manipulation, des connaissances physiques solides : il s'agit ici d'expérimenter que la mise au point est un réglage de distance et que la lumière se déplace en ligne droite.

matériel

Un bocal en verre non lisse (à facettes, avec des motifs en relief…), lampe de poche. Papier blanc, crayon à papier.

1. Dans une pièce tamisée, proposez tout d'abord à votre enfant de jouer librement avec sa lampe de poche et quelques feuilles de Cellophane colorée. Aidez-le à déduire que **la lumière se colore** lorsqu'une feuille de Cellophane est placée devant le faisceau lumineux. Expliquez-lui brièvement que la Cellophane rouge laisse passer les rayons de lumière rouge uniquement.

2. Présentez-lui ensuite **de vieilles diapositives**, et invitez-le à les regarder à la loupe. Aidez-le à formuler que chaque détail de l'image est un morceau de Cellophane colorée : « Les zones jaunes de l'image laissent passer les rayons jaunes. Toutes ces parties colorées ensemble forment une image en couleur. »

3. Faites passer la lumière de la lampe à travers l'image de façon à **la projeter sur un mur.** Prenez le temps de décrire le phénomène : votre enfant remarquera certainement que l'image projetée est floue. « Comment faire pour rendre cette image nette ? » Si votre enfant ne trouve pas, donnez-lui un indice : « Si tu te servais de ta loupe ? » Laissez-le tâtonner : en intercalant la loupe entre la lampe et la diapositive, il parviendra à la **mise au point** d'une image nette. Expliquez-lui qu'il a découvert le principe du projecteur de diapositives. Si vous en avez un, sortez-le et montrez-lui comment s'en servir.

Variante
Une alternative pour la mise au point d'une image : en plaçant la loupe devant le faisceau de la lampe de poche, essayez d'obtenir au mur, le plus nettement possible, le dessin des diodes de votre lampe.

Conseil
Avant de proposer cette activité à votre enfant, assurez-vous qu'il ait réalisé les activités « Net et flou » (p. 164), et « Les couleurs de l'arc-en-ciel » (p. 185).

Amenez **les cartons évidés** de formes géométriques simples : « Que se passe-t-il si tu intercales un de ces motifs entre la lampe et le mur ? Peux-tu essayer, avec l'aide des autres membres de la famille, d'intercaler un deuxième carton, puis un troisième, etc., sans modifier la forme projetée ? » Encouragez-le à trouver la réponse : « La lumière se déplace en ligne droite. »

lire, ça inspire !

La Vue et les Couleurs, Pascale Desjours, Claude et Denise Millet, Albin Michel Jeunesse, 2004.

Paysage sonore

JEUX musicaux

Dès 7 ans

Écouter l'environnement sonore comme une œuvre composée par la vie et le hasard développe l'imaginaire musical de l'enfant. Le petit musicien distingue dans les bruits du jardin (pluie qui tombe, chant de l'insecte…) des timbres, des rythmes et des intensités, il devient compositeur !

matériel

De l'imagination, des instruments de musique. Facultatifs : un sablier, le nécessaire pour enregistrer (dictaphone…).

1 **Commencez par sortir** – dans le jardin, en forêt… Installez-vous confortablement en famille et chantez vos chansons préférées en utilisant vos instruments à votre guise. Amenez l'idée que certains instruments accompagnent mieux certaines chansons que d'autres, et laissez votre enfant choisir ses instruments.

2 Vous allez **écouter les bruits de la nature**. Incitez-le à s'exprimer verbalement avant l'exercice : « Quel type de sons penses-tu entendre ? Seront-ils forts, ténus ? »

3 **Pendant l'exercice**, si votre enfant éprouve des difficultés à rester silencieux, un sablier (de 30 secondes ou d'une minute) l'aidera à se concentrer et à s'apaiser. Avec des plus grands, organisez une chasse aux sons : chacun s'isole pour les collecter (éventuellement, en les enregistrant), et revient les décrire aux autres membres de la famille.

4 Entamez ensuite **la phase de création** : « Peux-tu imiter certains des bruits que tu as entendus ? » Laissez à chacun le temps d'expérimenter. Jouez aux devinettes pour valider les imitations !

Conseil
Cette activité est plus amusante et enrichissante à plusieurs. Elle permet de créer de véritables œuvres !

5 Si vous êtes suffisamment nombreux, exercez-vous à jouer tous ces sons de concert pour **créer votre propre paysage sonore**. Suggérez de jouer sur différents paramètres : la hauteur (aigu/grave), la durée (résonance courte/longue), l'intensité (fort/doux, crescendo), la densité (nombre de joueurs)… Les productions peuvent se répondre, se superposer, se répéter, s'ajouter : achacun choisit un son à produire en boucle et le meneur fait démarrer les musiciens les uns après les autres pour une accumulation progressive des sons, puis les « éteint » les uns après les autres jusqu'au retour au silence.

lire, ça inspire !

Mon jardin d'artiste – Musique, couleurs et sculpture avec les plantes, Véronique Barrau, Nathalie Dento, Plume de carotte, 2006.

Un monde à ma mesure

• JEUX • de cubes

Dès 18 mois

Les cubes sont un excellent support pour développer le vocabulaire spatial et le repérage dans l'espace. Cette activité engage à résoudre des problèmes en utilisant tout son corps.

1 Dès 18 mois. Disposez quelques matériaux de manière attrayante : gros cubes en bois, assortiment de matières douces (morceaux de tissu de différentes tailles, couleurs et textures, foulards, petites couvertures, coussins, animaux en peluche…). Observez la manière dont votre enfant utilise ces matériaux ensemble : étale-t-il des tissus sur le sol pour faire un tapis, ou les convertit-il en toit ? En drape-t-il ses cubes ou en fait-il des lits pour ses animaux ? Encouragez-le à décrire ses réalisations et ses sensations.

2 Dès 2 ans et demi. Demandez à votre enfant quels meubles de la maison il aimerait fabriquer avec ses cubes. Réunissez ensemble les matériaux nécessaires à ses projets : gros cubes de carton ou de bois, couvertures, draps… Observez les stratégies de votre enfant et relancez l'activité par des petits défis : « Peux-tu construire un canapé assez large pour deux personnes ? Peut-être aurait-on besoin aussi d'une table et de chaises ? Et ta poupée, veut-elle un lit ? » Laissez à votre enfant le temps de tâtonner, d'expérimenter différentes manières de faire, sans lui donner une solution pré-pensée. Une fois les constructions achevées, proposez-lui de les envelopper dans des couvertures ou des draps, et d'ajouter quelques éléments de dînette. Et pourquoi ne pas manger le goûter dans ce nouvel espace ?

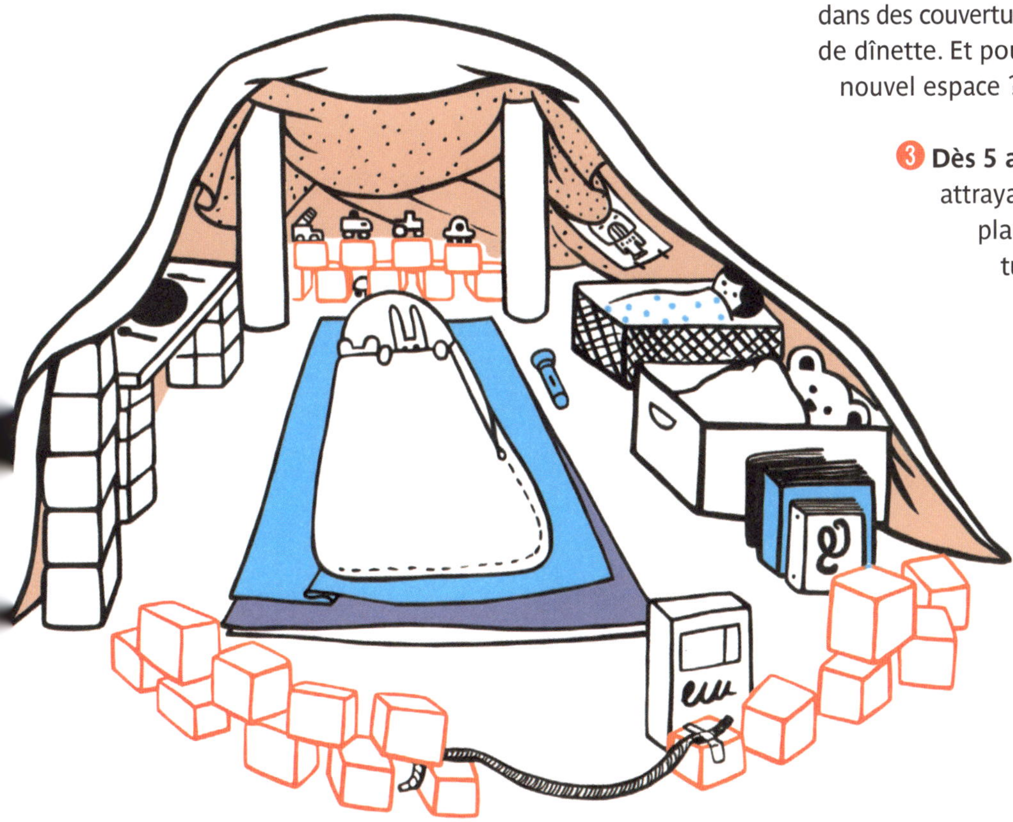

3 Dès 5 ans. Disposez des matériaux de manière attrayante : gros cubes en bois ou en carton, planchettes, boîtes en carton de tailles variées, tubes en carton fort, couverture, sac de couchage, petits carreaux de mosaïque ou de carrelage, chutes de tissu et de papier peint, papier Canson, feutres… Invitez votre enfant à décrire sa chambre idéale et à choisir ses premiers matériaux pour l'élaborer. Laissez-le construire en l'assistant si nécessaire. Encouragez-le à utiliser les cartons pour créer les meubles dont il a besoin et à dessiner des affiches pour décorer sa chambre. Organisez ensuite une visite guidée pour les autres membres de la famille : ce sera l'occasion pour le jeune architecte de décrire ses constructions et de justifier ses choix.

Conseil
Dans la mesure où cela ne nuit pas au jeu avec votre enfant, pensez toujours à photographier ses œuvres et à enregistrer ce qu'il a à en dire.

lire, ça inspire !

Dimanche matin, Kota Taniuchi, Circonflexe, 2000.

Autoportrait

Dresser son propre portrait est une merveilleuse occasion pour l'enfant de réfléchir à ce qu'il partage avec tous les êtres vivants, mais aussi aux caractéristiques qui font de lui une personne… unique au monde.

matériel

Reproductions d'autoportraits (artistes, ou maison). Petit miroir à pied (destiné au maquillage par exemple). Papier blanc. Feutre noir à pointe fine.

1. Au préalable, faites une recherche pour sélectionner **quelques autoportraits d'artistes** que vous affectionnez (Léonard de Vinci, Jan Van Eyck, Frida Kahlo, Pablo Picasso, Vincent Van Gogh…). Ou regroupez des autoportraits des membres de votre famille, tous âges confondus. Présentez-les à votre enfant, observez-les ensemble, décrivez-les, exprimez vos goûts et vos préférences.

2. Installez face à votre enfant **un petit miroir à pied**, en l'orientant de manière à ce qu'une fois installé dans une position confortable il s'y reflète bien. Jouez quelques instants à mimer des expressions et à les nommer (effroi, tristesse…), puis invitez votre enfant à observer finement chaque partie de son visage : d'abord la bouche, les lèvres puis le nez, les yeux, la forme du visage… Encouragez-le à décrire ce qu'il observe par quelques adjectifs, à prêter attention aux lignes et aux couleurs : « Vois-tu, dans tes yeux, un cercle noir à l'intérieur d'un cercle coloré ? Vois-tu le petit creux entre ton nez et ta lèvre supérieure ? Est-ce que tes cheveux couvrent tes oreilles ? »

3. Invitez-le ensuite à **dessiner** son autoportrait : donnez-lui un feutre à dessin et une feuille de papier. Aidez-le à organiser son espace de travail confortablement et ajustez l'angle du miroir si nécessaire. Rappelez à votre enfant que le dessin s'applique à restituer les lignes de l'objet (voir p. 152, « Capture d'ombres » et p. 197 « Dessin d'observation ») ; relancez éventuellement son travail en lui indiquant les détails qu'il a oubliés, et en l'aidant à prendre du recul sur son œuvre. Certains enfants voudront réaliser une série d'autoportraits, prévoyez une quantité de feuilles suffisante.

4. **Valorisez** son travail en le collant dans un cahier consacré, ou en l'encadrant…

Variante

Le portrait peut être colorisé : aidez votre enfant à obtenir, en mélangeant les peintures, les couleurs les plus proches de celles de sa carnation. Faites un autoportrait tous les ans pour instaurer une jolie tradition familiale ! Conservez soigneusement ces œuvres et prenez le temps, chaque année, de les admirer avec votre enfant pour parler de l'évolution de ses techniques et de son regard sur lui-même.

lire, ça inspire !

Histoire singulière du portrait en pied du gouverneur militaire de Mandchourie, Frédéric Marais, Thierry Dedieu, HongFei cultures, 2014.

Tous ensemble !

JEUX d'éléments

Dès 2 ans

C'est à travers le jeu que se développe la coopération entre pairs. La famille, en réunissant plusieurs enfants d'âges divers, est le théâtre privilégié de cet apprentissage primordial. Les jeux d'ombres et de lumière sont particulièrement adaptés car ils stimulent tout en calmant, et plaisent généralement à tous, du bébé à l'adulte.

matériel

Rétroprojecteur. Des matériaux de récupération : objets transparents, opaques ou translucides, chaînettes, sequins, décorations de Noël, bijoux fantaisie, rubans, bandes de plastique coloré découpées dans des intercalaires, boutons, graines… Facultatifs : grands paniers.

1 Proposez à votre famille, petits et grands, de réaliser une composition sur le plateau d'un rétroprojecteur avec quelques matériaux de récupération. Vous pourrez ainsi obtenir un **mandala kaléidoscopique** sur le mur de votre salon (ou les T-shirts de vos enfants !)…

2 Commencez par aménager, pour un jour, un recoin de votre habitat en « **espace lumière** » : disposez l'équipement et les matériaux de manière à ce qu'ils soient accessibles : sur des étagères et des meubles bas, dans de grands paniers au sol… C'est important pour permettre aux plus jeunes d'exercer leur libre arbitre sur le choix des objets et leur usage. Choisissez le bon moment dans la journée : les enfants doivent disposer de tout le temps nécessaire pour mener à bien leurs créations, examiner les choix des autres et commenter ensemble leurs observations.

3 Encouragez les manipulations collectives en instaurant le principe du « chacun son tour » (voir p. 160, « **Chacun son tour** ») : les enfants placent chacun un objet sur le plateau, à tour de rôle. Les plus grands prennent en compte ce qui a été fait avant eux pour composer une image ou raconter une histoire.

Conseil
La notion de partage est parfois difficile pour les plus jeunes, pensez à proposer les matériaux en plusieurs exemplaires. Si un tout-petit a tendance à détruire le travail collectif, proposez à votre famille de construire avec lui une composition spéciale, à part, qu'il aura le droit de démolir.

4 Terminez en impliquant vos enfants dans **le rangement de l'activité**. Si l'invitation leur a plu, les aînés pourront organiser la suivante, en rassemblant les matériaux qui serviront à la prochaine construction familiale.

lire, ça inspire !

Jamais toi sans moi, Sylvie Hennequin, Emmanuelle de La Tour, Les Portes du monde, 2003.

Le spectacle

• JEUX • d'imitation

Dès 4 ans

Quel enfant n'a pas, un jour ou l'autre, monté un « pestacle » pour le montrer à ses parents ? Encouragez ce type d'activité qui nourrit la créativité des plus jeunes et les exerce à s'exprimer devant un auditoire. En rejouant leurs histoires favorites, ils s'imprègnent de la construction narrative, essentielle à la compréhension écrite.

matériel

Le livre préféré de votre enfant et les accessoires mentionnés dans le livre. Déguisements variés, marionnettes. Théâtre de marionnettes, gros cubes en carton fort, chaises. Papier, feutres.

1. Choisissez avec votre enfant **une histoire qui lui tient à cœur**, à la structure narrative simple : selon son âge, *Boucle d'or et les Trois Ours*, *Max et les Maximonstres* de Maurice Sendak (1967), *L'Afrique de Zigomar* de Philippe Corentin (1991)… Relisez-la ensemble plusieurs fois, et laissez-la en évidence, à sa portée.

2. **Rejouez l'histoire choisie** : jouez vous-même les différents rôles de l'histoire, en changeant de voix pour chacun, de la façon la plus expressive possible.

3. Quand l'enfant connaît parfaitement la ligne narrative de l'histoire, il est prêt à **monter son propre spectacle**. Encouragez-le à endosser plusieurs rôles et mettez à sa disposition tous les costumes et accessoires.

4. **Observez les répétitions** de votre enfant : suit-il le texte à la lettre, ou s'en inspire-t-il pour créer sa propre histoire ? Part-il sur tout autre chose ? Proposez-lui d'endosser le rôle du narrateur pendant qu'il joue les personnages : énoncez la ligne narratrice dans laquelle les dialogues et les jeux de scène vont trouver place. Par exemple, vous dites, depuis le recoin de la scène : « Le décollage a été difficile, mais les trois amis sont maintenant à bonne hauteur. » Et votre enfant fait dialoguer des petites peluches ou des marionnettes : « Tu connais le chemin, Zigomar ? – Mais oui, ne t'inquiète pas ! »

5. Utilisez un théâtre de marionnettes ou de gros cubes pour **construire un espace scénique**, et installez les chaises des spectateurs. Aidez votre enfant à fabriquer des affiches pour annoncer la représentation aux membres de la famille ou aux amis, ainsi que des tickets et des programmes.

Variante

Un après-midi, invitez quelques petits amis à monter un spectacle, puis, au moment où les familles viennent les rechercher, conviez-les à la représentation !

lire, ça inspire !

Le Pestacle, Ilya Green, Didier Jeunesse, 2010.

Le monde est une énigme !

Pour découvrir le monde, jouer au détective dans un coin d'extérieur est idéal. Que votre enfant souhaite écrire un roman policier ou mener une enquête naturaliste, les questions à résoudre sont les mêmes. Il n'est pas nécessaire que vous connaissiez vous-même les réponses aux questions que vous posez : votre enfant sera ravi de les découvrir avant vous !

1 **Trouvez un mystère :** une trace, un signe qui marque votre environnement, ou un étrange objet qui semble raconter une histoire…

2 **Qui ?** Qui a laissé cette trace ? Observez sa taille, sa profondeur, sa forme, le nombre de doigts, la présence ou l'absence de griffes, de queue… À quelle espèce appartient cet animal ? Que pouvons-nous dire sur cet animal en tant qu'individu ?

3 **Quoi ?** Que mange cet animal ? Qui mange cet animal ? Qu'est-ce que ces traces nous apprennent sur ses habitudes ? D'où viennent les traces ? Où vont-elles ? Comment l'animal se déplace-t-il ? S'est-il arrêté, a-t-il tourné ?

4 **Quand ?** De quand datent ces traces ? Ont-elles subi l'action du vent, du soleil, de l'humidité… ? À quel moment de la journée cet animal est-il le plus actif ? À quel moment dort-il ? Est-il possible qu'il s'agisse d'un vieux sujet ? Ou d'une femelle avec des petits ?

5 **Où ?** Les traces mènent-elles à l'habitat de l'animal ? Où vit cet animal habituellement ? Où se nourrit-il, où dort-il ? Où trouve-t-il sa nourriture et son eau ? Dans quelle mesure la saison influence-t-elle son déplacement ? Où élève-t-il ses petits ? Où est-il en ce moment ?

6 **Pourquoi ?** Pourquoi cet animal était-il ici, et pas ailleurs ? Que trouve-t-il ici ? Qu'était-il en train de faire ?

7 **Comment ?** Imitez la manière dont cet animal se déplace. Comment son corps bouge-t-il ? Peux-tu te sentir aussi gros que lui, ou aussi petit ? Peux-tu essayer de percevoir le monde comme il le perçoit ? A-t-il des organes sensoriels inconnus de nous qui pourraient lui donner des informations (moustaches, antennes…) ?

Conseil
Une énigme se résout plus facilement à plusieurs, dans la discussion. Orientez l'échange vers un brainstorming (chacun dit tout ce qu'il sait sur l'animal, en rebondissant sur les paroles du voisin) qui permet de résoudre les problèmes de manière créative et évite l'écueil du « J'ai raison/Il a tort ».

Variante
Le pistage ne concerne pas seulement les mammifères. Les plantes, insectes, poissons, roches, nuages… peuvent constituer d'autre sujets d'étude (voir p. 194 « Cherchez l'indice ! »).

Lire, ça inspire !

La Chasse à l'ours, Helen Oxenbury, Michael Rosen, Kaléidoscope, 1997.

Direction éditoriale : Tatiana Delesalle

Responsable éditoriale : Julie Cot

Suivi éditorial : Christelle Fucili

Correction : Claire De Smet

Direction artistique : Chloé Eve

Illustrations : Oreli Gouel

Photographies : © Istock

Mise en pages : Vincent Fraboulet

Fabrication : Marie Guibert

15/27, rue Moussorgski

75895 Paris Cedex 18

Dépôt légal : août 2016

ISBN : 978-2-3170-1756-8

MDS : 63292

Imprimé par DZS en Slovénie
Achevé d'imprimer en juillet 2016
Numéro d'édition : A16118